Theo R. Payk
und Ulrich Thamer

Psychiatrie Praxis

Psychiatrie Praxis

Psychiatrie und Psychotherapie in Ambulanz und Praxis

Theo R. Payk
und Ulrich Thamer

Schattauer

Prof. Dr. med. Dr. phil. Theo R. Payk
Facharzt für Nervenheilkunde,
Facharzt für Psychiatrie und Psychotherapie, Diplompsychologe
Westfälisches Zentrum für Psychiatrie und Psychotherapie
Universitätsklinik
Alexandrinenstr. 1, 44791 Bochum

Dr. med. Ulrich Thamer
Facharzt für Nervenheilkunde,
Facharzt für Psychotherapeutische Medizin
Breddestr. 7, 45894 Gelsenkirchen

Die Deutsche Bibliothek - CIP-Einheitsaufnahme

Payk, Theo R.:
Psychiatrie Praxis : Psychiatrie und Psychotherapie in Ambulanz und Praxis / Theo R. Payk und Ulrich Thamer. - Stuttgart : Schattauer, 1998
ISBN 3-7945-1848-9

Printed in Germany

Lektorat: Dr.med. Petra Aryus

Gedruckt auf chlor- und säurefrei gebleichtem Papier

ISBN 3-7945-1848-9

Vorwort

Das vorliegende Vademecum „Psychiatrie Praxis“ ist gedacht als eine Art Leitfaden für Fachleute, die in erster Linie außerhalb vollstationärer Bereiche psychiatrisch und psychotherapeutisch tätig sind. Angesichts der oft unzureichenden Kenntnisse zukünftiger oder bereits praktizierender Kolleginnen und Kollegen bezüglich der insgesamt zunehmend schwieriger gewordenen Situation im Bereich des ambulanten Gesundheitswesens einschließlich der gesundheitspolitischen Diskussion überhaupt erschien es uns sinnvoll, die hierzu notwendigen Kenntnisse für interessierte Öffentlichkeit und Fachwelt zusammengefaßt herauszugeben.
Insbesondere die ärztliche Psychotherapie befindet sich derzeit insofern in einer Übergangsphase, als zum einen nach wie vor unnötige Reibungsflächen mit der Psychiatrie bestehen, zum anderen ein zunehmender Konkurrenzdruck von seiten der psychologischen Psychotherapeuten zu erwarten sein wird. Es ist davon auszugehen, daß ab 1999 auch für diesen Bereich eine Bedarfsplanung in Kraft treten wird, die sich an einer Finanzierungsobergrenze orientieren wird, da nach Fortfall des Delegationsverfahrens einige Tausend psychologische Psychotherapeuten die vertragsärztliche Versorgung erweitern dürften.
Neben organisatorischen, berufsrechtlichen und ökonomischen Informationen versuchen wir, fachbezogene diagnostische und therapeutische Leitlinien einschließlich forensischer und sozialmedizinischer Aspekte zu vermitteln, zugeschnitten auf die Praxistätigkeit und Ambulanz, ergänzt um nützliche Hinweise und Angaben für den Praxisalltag. Demgegenüber haben wir der Erörterung von Krankheitskonzepten, pathogenetischen Modellen und therapeutischen Hypothesen weniger Bedeutung beigemessen.
Insgesamt hoffen wir, die fachbezogenen Schwerpunkte zur ambulanten Erkennung und Behandlung psychischer Krankheiten und Störungen verständlich dargelegt zu haben wie auch die dazu notwendigen heilkundlichen und fachspezifischen Voraussetzungen und Rahmenbedingungen.

Gleichzeitig möchten wir einen Beitrag leisten zum engeren Schulterschluß zwischen Psychiatrie und Psychotherapie einerseits und zur Verbesserung der Kooperation im psychiatrisch-psychotherapeutischen Versorgungsnetzwerk andererseits.

Bochum und Gelsenkirchen,
im Juni 1998
Theo R. Payk und Ulrich Thamer

Inhalt

1 Fachkompetenz

Im Auftrag des Berufsverbandes Deutscher Nervenärzte und des Zentralinstitutes für die kassenärztliche Versorgung in der Bundesrepublik Deutschland wurde 1985 die sogenannte Nervenarztstudie erstellt, die eine repräsentative Analyse nervenärztlicher Tätigkeit darstellt. Es ergab sich das folgende Bild:

- Niedergelassene Nervenärzte sind zu 94% Psychiater und Neurologen (Nervenärzte).
- Nur 4% sind ausschließlich psychiatrisch tätig.
- Lediglich 2% sind ausschließlich neurologisch tätig.
- 3% sind Kinder- und Jugendpsychiater.
- 43% haben die Zusatzbezeichnung Psychotherapie erworben.
- 87% der Nervenärzte gaben an, in ihrer Praxis auch psychotherapeutisch tätig zu sein.
- Der Anteil der Nervenärztinnen liegt bei 25%.

Insgesamt sind im Bereich der Nervenheilkunde einschließlich der Kinder- und Jugendpsychiatrie und -psychotherapie derzeit in Deutschland rund 5500 niedergelassene Ärztinnen und Ärzte tätig.

Die durchschnittliche Arbeitszeit der Nervenärzte umfaßt 49 Wochenstunden, wobei auch Arbeit an den Wochenenden zu leisten ist. Die patientenbezogene Zeit liegt bei 43 Minuten pro Quartal und Patient. Die Versorgungsdichte beträgt ca. 1:24.000 (bei einer Vorgabe der Psychiatrie-Enquete[1] von 1:50.000).

Unter den **Patienten der Nervenärzte** finden sich 2% mehr Frauen als Männer, der Ausländeranteil liegt bei 10%, die Zahl der anerkannten schwerbehinderten Patienten ist doppelt so hoch wie in der Bevölkerung insgesamt.

26% der Patienten sind schon einmal stationär behandelt worden. Nur bei 2% der Patienten eines Quartals ergibt sich die Notwendigkeit einer stationären Behandlung, der Anteil der Zwangseinweisungen liegt bei 0,3%. Im Durchschnitt kommt es zu vier Sprechstundenkontakten pro Quartal und Patient, nur 10% der Patienten benötigen neun und mehr Arzt-Patienten-Kontakte.

[1] Bericht über die Lage der Psychiatrie, Bundestagsdrucksache 1975

Ein hoher Anteil von Patienten sucht den Nervenarzt direkt auf. 55% werden durch andere Ärzte überwiesen, davon 57% von hausärztlich tätigen Ärzten. Praktisch keine Rolle bei der Zuweisung spielen die psychosozialen Dienste im Umfeld, wie auch die Zusammenarbeit der Nervenärzte mit durchaus verfügbaren sozialen Einrichtungen gering ist.

Das **Diagnosespektrum** verteilt sich wie folgt (s. auch Kap. 4.10):
- organische Psychosen 7%
- Schizophrenien 6%
- schizoaffektive Psychosen 4%
- manisch-depressive Krankheiten 16%
- Belastungsreaktionen und neurotische Störungen 23%
- psychosomatische Störungen 15%
- geistige Behinderungen 2%
- neurologische Störungen ohne psychische Beteiligung 30%
- Anfallskranke 7%
- Suchtkranke 5%
- neurologische Störungen mit psychoorganischen Anteilen und Alterserkrankungen 12%

Das hieraus abzuleitende **verdichtete Diagnosespektrum** ergibt folgendes Bild:
- neurologische Störungen ohne psychische Beteiligung 30%
- (endogene) Psychosen 26%
- hirnorganische Störungen 24%
- neurotische, persönlichkeitsbedingte Störungen 23%

Rein **psychiatrische Syndrome** verteilen sich nach dem Schlüssel:
- Depressionen 40%
- Schmerz 33%
- neurasthenisch-psychovegetative Syndrome 25%
- Erschöpfung, Antriebsarmut 17%
- Phobie und Ängste 16%
- produktive psychische Symptome 6%
- Suizidalität 5%
- Potenz- und Libidostörungen 5%

Die behandlungsrelevanten Lebensprobleme der Patienten zeigt die nachfolgende Verteilung:

- eigene Krankheit 31%
- Partnerschaftsprobleme 17%
- familiäre Probleme 13%
- Isolation 17%
- Berufsprobleme 14%
- Arbeitslosigkeit 3%

Der ständige Kontakt mit psychisch kranken Menschen setzt bei **Ärztinnen und Ärzten** eine besondere Belastbarkeit für eine solche Tätigkeit voraus. Für die Berufswahl scheinen bestimmte Persönlichkeitsmerkmale von Bedeutung zu sein, die sich in der Fähigkeit und Bereitschaft zu empathischem Verstehen zeigen, oft aber auch geprägt sind von sozialer Verantwortung, die sich zuweilen überschießend in einem Helfersyndrom äußert.

Neben dem umfangreichen fachlichen Wissen, welches sich auf Diagnostik, Therapie, Prävention, Rehabilitation und Begutachtung bezieht, vermittelt die Weiterbildung im Gebiet über die psychotherapeutischen Anteile auch Selbsterfahrung und Eigentherapie. Die Freude am Beruf wird sich der erhalten, der lernt, die Grenzen der Behandlungsmöglichkeiten zu sehen und sich mit seinen eigenen Bedürfnissen ausreichend abgrenzen kann.

1.1 Weiterbildung

Die derzeit geltende Musterweiterbildungsordnung der Bundesärztekammer von 1993 wurde von den Landesärztekammern nicht einheitlich übernommen, so daß in den Bundesländern unterschiedliche Regelungen wirksam sein können, die zu Beginn der Weiterbildung für eine Facharztanerkennung oder den Erwerb einer Zusatzbezeichnung erfragt werden sollten. So ist in einigen Bundesländern der Nervenarzt alter Prägung noch nicht wieder eingeführt, auch der Facharzt für Psychotherapeutische Medizin ist bisher noch nicht überall umgesetzt worden.

Der **neurologisch-psychiatrisch-psychotherapeutische** Weiterbildungsbereich gliedert sich jetzt in **fünf Gebiete** (Fachärzte), die durch spezielle Kenntnisse, Erfahrungen und Fertigkeiten – sogenannte fakultative Weiterbildungen im Gebiet – ergänzt werden können:

- Facharzt für Nervenheilkunde (fakultative Weiterbildung: Klinische Geriatrie)
- Facharzt für Psychiatrie und Psychotherapie (fakultative Weiterbildung: Klinische Geriatrie)
- Facharzt für Kinder- und Jugendpsychiatrie und -psychotherapie
- Facharzt für Psychotherapeutische Medizin
- Facharzt für Neurologie (fakultative Weiterbildungen: Klinische Geriatrie und spezielle neurologische Intensivmedizin)

Die psychotherapeutische Kompetenz – früher nur als Zusatzbezeichnung führbar – ist jetzt weitgehend in die Gebiete integriert worden. Der Erwerb der Zusatzbezeichnung „Psychotherapie“ ist zur Kompetenzerweiterung noch interessant für den Facharzt für Nervenheilkunde und den Facharzt für Neurologie. Einige Landesärztekammern differenzieren die Zusatzbezeichnung „Psychotherapie“ in einen verhaltenstherapeutischen oder tiefenpsychologisch fundierten Schwerpunkt. Die Zusatzbezeichnung „Psychoanalyse“ ist Bestandteil der Weiterbildungsordnung geblieben und empfiehlt sich bei besonderem Interesse an dieser Therapieform. Weitere **Zusatzbezeichnungen,** die für den neurologisch-psychiatrisch-psychotherapeutisch tätigen Arzt sinnvoll erscheinen, sind:
- Rehabilitationswesen
- Sozialmedizin
- physikalische Therapie
- Naturheilverfahren

Diese Zusatzbezeichnungen können einen besonderen Arbeitsschwerpunkt festlegen, der zum Beispiel in der Begutachtung oder der Rehabilitation liegen kann. Durch unterschiedliche Schwerpunktbildungen können sich konkurrierende Praxen voneinander abgrenzen und das Versorgungsangebot insgesamt erweitern. Vielfach ermöglichen die Zusatzbezeichnungen die Nutzung weiterer finanzieller Ressourcen neben der vertragsärztlichen Vergütung. Die derzeitige berufspolitische Entwicklung läßt erkennen, daß ein zweites Standbein neben der Vertragsarztpraxis immer notwendiger wird.

Facharzt für Nervenheilkunde

Definition: Die Nervenheilkunde umfaßt die Diagnostik, Prävention, nichtoperative Therapie und Rehabilitation bei Erkrankungen des zentralen, peripheren und vegetativen Nervensystems sowie bei psychischen Erkrankungen oder Störungen.

Weiterbildungszeit:
- 6 Jahre an einer entsprechend ermächtigten Weiterbildungsstätte, d.h.
- 3 Jahre Neurologie, davon mindestens 2 Jahre im Stationsdienst
- 3 Jahre Psychiatrie und Psychotherapie, davon mindestens 2 Jahre im Stationsdienst
- 2 Jahre der Weiterbildung können bei einem hierzu ermächtigten niedergelassenen Arzt abgeleistet werden.

Facharzt für Psychiatrie und Psychotherapie

Definition: Psychiatrie und Psychotherapie umfassen Wissen, Erfahrungen und Befähigungen zur Erkennung, nichtoperativen Behandlung, Prävention und Rehabilitation hirnorganischer, endogener, persönlichkeitsbedingter, neurotischer und situativ-reaktiver psychischer Krankheiten oder Störungen einschließlich aller sozialen Anteile und psychosomatischen Bezüge unter Anwendung somato-, sozio- und psychotherapeutischer Verfahren.

Weiterbildungszeit:
- 5 Jahre an einer entsprechend ermächtigten Weiterbildungsstätte, d.h.
- 1 Jahr Neurologie
- 4 Jahre Psychiatrie und Psychotherapie, davon 3 Jahre im Stationsdienst
- 2 Jahre der Weiterbildung können bei einem entsprechend ermächtigten niedergelassenen Arzt abgeleistet werden.

Facharzt für Kinder- und Jugendpsychiatrie und -psychotherapie

Definition: Kinder- und Jugendpsychiatrie umfaßt die Erkennung, nichtoperative Behandlung, Prävention und Rehabilitation bei psychischen, psychosomatischen, entwicklungsbedingten und neurologischen Erkrankungen oder Störungen sowie bei psychischen und sozialen Verhaltensauffälligkeiten im Kindes- und Jugendalter.

Weiterbildungszeit:
- 5 Jahre bei einer entsprechend ermächtigten Weiterbildungsstätte, d.h.
- 1 Jahr Kinderheilkunde oder Psychiatrie oder Psychotherapie
- 4 Jahre Kinder- und Jugendpsychiatrie und Psychotherapie, davon mindestens 2 Jahre im Stationsdienst
- 2 Jahre der Weiterbildung können bei einem entsprechend ermächtigten niedergelassenen Arzt abgeleistet werden

Facharzt für Psychotherapeutische Medizin

Definition: Die psychotherapeutische Medizin umfaßt die Erkennung, psychotherapeutische Behandlung, Prävention und Rehabilitation von Krankheiten und Leidenszuständen, an deren Verursachung psychosoziale Faktoren, deren subjektive Verarbeitung und/oder körperlich-seelische Wechselwirkungen maßgeblich beteiligt sind.

Weiterbildungszeit:
- 5 Jahre an einer ermächtigten Weiterbildungsstätte, d.h.
- 3 Jahre psychotherapeutische Medizin, davon 2 Jahre im Stationsdienst
- 1 Jahr Psychiatrie und Psychotherapie
- 1 Jahr Innere Medizin
- 2 Jahre der Weiterbildung können bei einem ermächtigten niedergelassenen Arzt abgeleistet werden.

Facharzt für Neurologie

Definition: Die Neurologie umfaßt die Erkennung, nichtoperative Behandlung, Prävention und Rehabilitation bei Erkrankungen des zentralen, peripheren und vegetativen Nervensystems, der Muskulatur einschließlich der Myopathien und Myositiden.

Weiterbildungszeit:
- 5 Jahre an einer ermächtigten Weiterbildungsstätte, d.h.
- 1 Jahr Psychiatrie und Psychotherapie
- 4 Jahre Neurologie, davon 6 Monate in der nichtspeziellen neurologischen Intensivmedizin
- mindestens 2 Jahre im Stationsdienst
- 1 Jahr der Weiterbildung kann bei einem ermächtigten niedergelassenen Arzt abgeleistet werden.

Nach dem neuen EBM (Einheitlicher Bewertungsmaßstab), der Gebührenordnung für den Vertragsarzt, ist für den Neurologen die Abrechnung psychiatrischer Gebührenziffern fachfremd. Ob eine solche strenge Trennung sinnvoll ist, muß angezweifelt werden. Die Weiterbildung zum Facharzt für Neurologie ist nur empfehlenswert für jene Ärztinnen und Ärzte, die bewußt einen organneurologischen Schwerpunkt anstreben. Bei Interesse auch für die psychiatrische Tätigkeit empfiehlt sich, den Facharzt für Nervenheilkunde zu erwerben, der sowohl neurologische als auch psychiatrische Gebührennummern abrechnen kann.

Zusatzbezeichnung „Psychotherapie"

Definition: Die Psychotherapie umfaßt die Erkennung, psychotherapeutische Behandlung, Prävention und Rehabilitation von Erkrankungen, an deren Verursachung psychosoziale Faktoren einen wesentlichen Anteil haben, sowie von Belastungsreaktionen infolge körperlicher Erkrankungen.

Weiterbildungszeit:
- zweijährige klinische Tätigkeit, davon 1 Jahr Psychiatrie und Psychotherapie an einer ermächtigten Weiterbildungsstätte

- 3 Jahre Weiterbildung in der Psychotherapie, ständig begleitend während der gesamten Weiterbildungszeit
- Bei Ärzten mit mindestens fünfjähriger praktischer Berufserfahrung kann die vorgeschriebene Weiterbildung in der Psychiatrie und Psychotherapie durch den Nachweis des Erwerbs entsprechender psychiatrischer Kenntnisse ersetzt werden.

Als Anhalt für die **Inhalte** der berufsbegleitenden Weiterbildung in Psychotherapie seien aufgeführt:
- 140 Stunden Theorie (Verhaltenstherapie oder tiefenpsychologisch fundierte Verfahren)
- Nachweis eines Zweitverfahrens (50 Stunden)
- Selbsterfahrung (140 Stunden)
- Balintgruppenarbeit (70 Stunden)
- autogenes Training
- 3 (tiefenpsychologische Verfahren) bzw. 6 (Verhaltenstherapie) supervidierte Fälle

Bezüglich der genauen Inhalte der Weiterbildung und der anrechenbaren Zeiten auf anderen Gebieten sei auf die Richtlinien zum Inhalt der Weiterbildung der Landesärztekammern verwiesen. Die Landesärztekammern geben auch Auskunft über ermächtigte Weiterbildungsstätten und weiterbildungsermächtigte Ärztinnen und Ärzte in der Praxis. Angesichts des großen Marktes der Psychotherapieweiterbildung wird man darauf achten müssen, ob Methode und Weiterbilder von der Landesärztekammer anerkannt sind.

Für die Ableistung eines Teils der Weiterbildungszeit bei einem niedergelassenen Arzt halten die Landesärztekammern Musterverträge bereit, die mit dem Marburger Bund (Vertretung angestellter und beamteter Ärztinnen und Ärzte) abgestimmt wurden. Das monatliche Gehalt des Weiterbildungsassistenten ist Verhandlungssache und wird in der Regel immer unter einem vergleichbaren BAT-Gehalt liegen. Der niedergelassene Arzt darf einen Weiterbildungsassistenten nicht dazu einsetzen, seine Praxistätigkeit im Kassenbereich auszudehnen. Die Beschäftigung eines Weiterbildungsassistenten muß vom weiterbildenden Arzt der zuständigen Kassenärztlichen Vereinigung angezeigt werden und ist genehmigungspflichtig.

1.2 Fortbildung

Die Berufsordnung der Bundesärztekammer legt in § 10 fest, daß der Arzt, der seinen Beruf ausübt, verpflichtet ist, sich beruflich fortzubilden und sich dabei über die für seine Berufsausbildung jeweils geltenden Bestimmungen laufend zu unterrichten. Geeignete Mittel der Fortbildung sind insbesondere:

- Teilnahme an allgemeinen oder besonderen Fortbildungsveranstaltungen (Kongresse, Seminare, Übungsgruppen, Kurse, Kolloquien)
- Klinische Fortbildung (Vorlesungen, Visiten, Demonstrationen, Übungen)
- Studium der Fachliteratur (s. Anhang)
- Inanspruchnahme audiovisueller Lehr- und Lernmittel

Der Arzt hat in dem Umfang von den aufgezeigten Fortbildungsmöglichkeiten Gebrauch zu machen, wie es zur Erhaltung und Entwicklung der zur Ausübung seines Berufes erforderlichen Fachkenntnisse notwendig ist. Er muß eine entsprechende Fortbildung gegenüber der Ärztekammer in geeigneter Form nachweisen können. Wenngleich Fort- und Weiterbildung in hohem Grade auch qualitätssichernde Maßnahmen sind, fordert der Gesetzgeber zusätzliche qualitätssichernde Aktivitäten (s. Kap. 1.9).

Allgemeine Fortbildungsmaßnahmen werden von den „Akademien für Ärztliche Fortbildung“ – der Landesärztekammern und der Kassenärztlichen Vereinigungen – angeboten. Die gebietsspezifische Weiterbildung wird vor allem von den Berufsverbänden und den wissenschaftlichen Fachgesellschaften vermittelt, oft in Zusammenarbeit mit der pharmazeutischen Industrie.

1.3 Ärztliche Körperschaften

Jeder berufstätige Arzt ist obligates Mitglied der zuständigen Landesärztekammer, an die er einkommensabhängige Beiträge entrichtet. Der niedergelassene Arzt ist zusätzlich Pflichtmitglied der Kassenärztlichen Vereinigung, an die er eine Verwaltungsabgabe entrichtet, die etwa 2% seines Umsatzes mit den gesetzlichen Krankenkassen ausmacht.

Ärztekammern (ÄK) und Kassenärztliche Vereinigungen (KV) sind Körperschaften des öffentlichen Rechtes.

Der Gesetzgeber delegiert ihm obliegende Aufgaben und Funktionen an die ärztlichen Körperschaften, die sich als Selbstverwaltungen organisieren.

Die Rechtsaufsicht über diese Körperschaften übt das zuständige Landesministerium (i. d. R. das Sozialministerium) aus. In erster Linie haben ÄK und KV einen gesetzlichen Auftrag zu erfüllen. Erst nachrangig stellen sie eine Interessensvertretung für die organisierten Ärzte dar. Diese scheuen sich oft, zur Wahrnehmung ihrer Interessen mit Rechtsmitteln (Widerspruch oder Klage vor dem Sozial-/Verwaltungsgericht) gegen Entscheidungen von KV oder ÄK vorzugehen. Solche Rechtsmittel können aber notwendig sein, um die Berücksichtigung von Praxisbesonderheiten bei der Wirtschaftlichkeitsprüfung (s. Kap. 2.13) durchzusetzen.

Auf der anderen Seite nutzen die Mitglieder der Körperschaften oft nicht deren Möglichkeiten als Interessensvertretung. Die Doppelfunktion der Körperschaften und ihre bürokratische Struktur scheinen bei der Inanspruchnahme von Beratungsleistungen abzuschrecken.

Das wichtigste Organ der ärztlichen Körperschaften ist die von den Mitgliedern in einem vierjährigen Turnus gewählte Vertreterversammlung, die die Satzung beschließt und den Vorstand sowie die Mitglieder der Ausschüsse wählt.

Jedes Mitglied der Körperschaften kann in einem Wahlbezirk über eine Liste für die Vertreterversammlung von KV und ÄK kandidieren. Derzeit ist nervenärztliche Kompetenz in den ärztlichen Körperschaften noch unterrepräsentiert, und der Einfluß auf die Berufspolitik entsprechend gering.

1.4 Ärztekammer

Zu den wesentlichen Aufgaben der Ärztekammern gehören:

- Vertretung und Förderung der Berufsinteressen
- Überwachung der Erfüllung der Berufspflichten (geregelt in der Berufsordnung)
- Weiterbildung

Die Berufsordnung regelt unter anderem die ethischen Aspekte des Arztberufs, die Zusammenarbeit der Ärzte untereinander, die Dokumentationspflicht, das Werbeverbot und die Pflicht zur Fortbildung und zur Teilnahme am ärztlichen Notfalldienst, der organisatorisch von den KVen für die sprechstundenfreien Zeiten an den Wochenenden, den Feiertagen und für Mittwoch nachmittags abgewickelt wird.

An den übrigen Tagen stellt der Vertragsarzt die Versorgung seiner Patienten rund um die Uhr selbst sicher oder schließt sich einem organisierten kollegialen Notdienst der Fachgruppe an. Die Ärztekammer berät ihre Mitglieder in arbeitsrechtlichen Fragen, Vertragsfragen, die die Praxis betreffen, und hat eine Gutachterstelle zur Klärung von Behandlungsfehlern eingerichtet, die oft vor gerichtlichen Auseinandersetzungen eingeschaltet wird.

1.5 Kassenärztliche Vereinigungen

Im Rahmen ihrer öffentlich-rechtlichen Funktionen haben die KVen dafür Sorge zu tragen, daß die Versicherten der gesetzlichen Krankenkassen fachlich und räumlich die erforderliche ambulante Versorgung erhalten **(Sicherstellungsauftrag)**.
Die KVen haben gegenüber den Krankenkassen die Gewähr dafür zu übernehmen, daß die kassenärztliche Versorgung den gesetzlichen und vertraglichen Erfordernissen entspricht **(Gewährleistungsauftrag)**.

Hierzu gehört insbesondere die Überwachung der Einhaltung der kassenärztlichen Pflichten, die u.a. in den Bundesmantelverträgen geregelt sind. Wer gegen kassenärztliche Pflichten verstößt, muß mit einem Verfahren vor dem Disziplinarausschuß rechnen, der mit von der Vertreterversammlung gewählten Ärzten besetzt ist. Die häufigsten Verstöße sind die Nichterreichbarkeit im Notdienst und die ständige Unwirtschaftlichkeit.

Gemeinsam mit den Krankenkassen regeln die KVen die Zulassung von Vertragsärzten und die Überprüfung der Wirtschaftlichkeit vertragsärztlicher Tätigkeit. Dabei wird der einzelne Arzt an den Durchschnittswerten seiner Fachgruppe gemessen, die in den einzelnen Sparten der Abrechnung (Fallzahl, Fallwert, Einzelleistungen) ohne medizinische Begründung nur in einem bestimmten Prozentsatz überschritten werden.

Die KVen schließen Gesamtverträge mit den Landesverbänden der Krankenkassen ab. Hier liegt der Schwerpunkt der Interessensvertretung der Mitglieder, die einen starken Partner beim Abschluß von einheitlichen Verträgen haben.

Die KVen nehmen die Gesamtvergütung von den Krankenkassen entgegen und verteilen sie unter den Mitgliedern nach einem von der Vertreterversammlung beschlossenen Honorarverteilungsmaßstab (HVM).

Daneben bieten die KVen eine Reihe von Serviceleistungen für ihre Mitglieder, u.a. Niederlassungsberatung, Beratung bei der Abrechnung, betriebswirtschaftliche Beratung, Fortbildung, Öffentlichkeitsarbeit.

1.6 Zulassung als Vertragsarzt – Ermächtigung

Wer seine Facharztweiterbildung abgeschlossen hat, im Arztregister der Kassenärztlichen Vereinigung eingetragen ist und an einem Einführungslehrgang in die vertragsärztliche Tätigkeit teilgenommen hat – Termine hierfür werden im Deutschen Ärzteblatt veröffentlicht –, kann seine Zulassung als Vertragsarzt beim zuständigen Zulassungsausschuß beantragen.

Der Zulassungsausschuß ist ein bei den Kassenärztlichen Vereinigungen angesiedeltes Gremium, welches sich aus Vertretern von Ärzten und Krankenkassen paritätisch zusammensetzt. Die Zulassung in einem noch offenen Planungsbereich bereitet keine Probleme. In einem gesperrten Gebiet hingegen werden sich in der

Regel mehrere Ärzte um einen frei werdenden Vertragsarztsitz bewerben, der von der Kassenärztlichen Vereinigung auf Antrag des ausscheidenden Vertragsarztes öffentlich ausgeschrieben wird. In die Entscheidung der Zulassungsausschüsse wird neben dem Zeitpunkt der Bewerbung und dem Rang auf einer Warteliste auch ein Mitbestimmungsrecht des ausscheidenden Vertragsarztes eingehen, der sich mit dem Bewerber über die Übernahmemodalitäten einigen muß und der oft ein berechtigtes Interesse daran hat, die Praxis etwa an Angehörige zu übergeben. Bei einem in einer Gemeinschaftspraxis/Praxisgemeinschaft frei werdenden Vertragsarztsitz werden die Belange des verbliebenen Partners gesehen. Im wesentlichen ist der Zulassungsausschuß bei seiner Entscheidung jedoch an die gesetzlichen Vorgaben gebunden.

Die Zulassung erfolgt für alle Krankenkassen, sie ist nicht befristet. Das Gesundheitsstrukturgesetz (GSG) legt jedoch fest, daß der Vertragsarzt ab 1999 grundsätzlich mit dem 68. Lebensjahr ausscheiden muß. Der Zeitraum kann verlängert werden, wenn der Vertragsarzt bis zu diesem Datum noch nicht 20 Jahre zugelassen war. Darüber hinaus ist die Zulassung nach dem 55. Lebensjahr nicht mehr möglich, es sei denn, daß Sicherstellungsgründe dies im Einzelfall erforderlich machen.

Neben der Zulassung gibt es auch die Möglichkeit, in der Vertragsarztpraxis als angestellter Arzt tätig zu sein.

Der angestellte Arzt muß grundsätzlich derselben Fachgruppe wie der Praxisinhaber angehören. Nur im Rahmen einer fachübergreifenden Gemeinschaftspraxis sind Ausnahmen möglich. Bei der Bedarfsplanung zählt ein halbtags tätiger angestellter Arzt mit einem Faktor von 0,5, der ganztägig arbeitende angestellte Arzt mit einem solchen von 1,0. In gesperrten Gebieten ist die Anstellung eines Arztes nicht zulässig. In seltenen Fällen ist es möglich, daß über eine festgestellte Überversorgung hinaus im Rahmen eines „Sonderbedarfs“ ein zusätzlicher Vertragsarzt zugelassen wird, etwa zur Sicherstellung der psychotherapeutischen Versorgung.

Die neuere Gesetzgebung zielt darauf ab, außerhalb der geltenden Bedarfsplanung ein Jobsharing zu ermöglichen.

Die Praxisinhaber müssen sich dann freilich dazu verpflichten, die bisher erbrachten Leistungen nicht auszuweiten.

Das zum 1.1.1999 in Kraft tretende Psychotherapeutengesetz (PTG) ermöglicht auch approbierten psychotherapeutisch weitergebildeten Psychologen eine KV-Zulassung.

Wenn in einem Gebiet die Versorgung insgesamt oder in bezug auf besondere Untersuchungen und Behandlungen nicht sichergestellt ist, kann ein Nichtvertragsarzt – in der Regel ein Krankenhausarzt – beim Zulassungsausschuß einen Antrag auf eine **Ermächtigung** stellen. Diese Ermächtigung bezieht sich auf bestimmte Leistungen, die vertraglich festgelegt werden, und ist immer befristet, d.h., der Versorgungsbedarf wird in der Regel nach Ablauf von 2 Jahren erneut überprüft (s.a. Kap. 2.7).

Rechtsmittel gegen die Entscheidung der Zulassungsausschüsse sind beim Berufungsausschuß möglich, der ebenfalls bei den Kassenärztlichen Vereinigungen angesiedelt ist und dessen Entscheidung beim Sozialgericht angefochten werden kann.

1.7 Verbände und Fachgesellschaften

Die freien Ärzteverbände – etwa der Hartmannbund, der Marburger Bund oder der NAV – vertreten mit unterschiedlichen Schwerpunkten allgemeine berufspolitische Interessen der Ärzte. Sie sind in ihrer Meinungsbildung und in der Vertretung der Arztinteressen im öffentlichen und politischen Raum frei. Dies ist ihr wesentlicher Vorteil gegenüber den ärztlichen Körperschaften, die sich im Rahmen ihres gesetzlichen Auftrags bewegen und bei Überschreitungen mit Sanktionen des Aufsichtsministeriums rechnen müssen.

Die Berufsverbände vertreten die Interessen der in ihnen organisierten Fachärzte. Sie nehmen Einfluß auf die Weiterbildungsordnung und die Gebührenordnungen und werden bei wichtigen Änderungen von der Kassenärztlichen Bundesvereinigung bzw. der Bundesärztekammer angehört. Über ihre Landesverbände nehmen sie auch Einfluß auf die Körperschaften der Länder. Sie informieren ihre Mitglieder über die berufspolitische Entwicklung des Fachgebiets und beraten in allen Fragen der Tätigkeit in der Praxis.

Jedem im neurologisch-psychiatrisch-psychotherapeutischen Bereich tätigen Vertragsarzt kann die Mitgliedschaft im Berufsverband Deutscher Nervenärzte e. V. (BVDN) empfohlen werden.

Für den Bereich der Kinder- und Jugendpsychiatrie ist der Berufsverband für Kinder- und Jugendpsychiatrie und -psychotherapie e. V. zuständig. Von den Berufsverbänden abzugrenzen sind **wissenschaftliche und andere Fachgesellschaften,** die sich mehr fachspezifischem Wissen widmen und qualifizierte Fortbildungen auf wissenschaftlichen Kongressen anbieten (s. Kap. 10.3). Der Dachverband ist die Deutsche Gesellschaft für Psychiatrie, Psychotherapie und Nervenheilkunde (DGPPN). Die Mitgliedschaft in einem freien Verband, einem Berufsverband oder einer wissenschaftlichen Fachgesellschaft kostet derzeit jährlich durchschnittlich 250 bis 600 DM.

1.8 Berufs- und Gesundheitspolitik

Bei steigenden Kosten für die Gesundheit sind Sparmaßnahmen notwendig, damit die ärztliche Versorgung weiterhin durch die Solidargemeinschaft der Versicherten finanzierbar bleibt.

Im Bereich der niedergelassenen Ärzte hat der Gesetzgeber versucht, über Budgetierungen des Gesamthonorars, der Arzneimittel und der Heilmittel Kosteneinsparungen zu erreichen. Zudem hat er eine Bedarfsplanung eingeführt, die die Niederlassungsfreiheit empfindlich einengt. Ferner hat die Budgetierung im Honorarbereich dazu geführt, daß die sog. Punktwerte für die Einzelleistungen immer mehr gesunken sind. Je mehr Leistungen von der Gesamtheit der Vertragsärzte erbracht werden, desto geringer wird der Punktwert für die einzelne Leistung. Um die Punktwerte stabil und kalkulierbar zu halten, wird die Menge der Leistungen im Praxisbudget festgeschrieben.

In der Diskussion über Kostendämpfung geht es um die grundsätzliche Frage: mehr Staat oder mehr Markt? Im internationalen Vergleich erwies sich weder ein rein marktwirtschaftliches Gesundheitswesen (USA) noch ein rein staatliches (Osteuropa) als besonders erfolgreich.

Deutschland bewegt sich auf einem Mittelweg. Zu dem von Bismarck gegründeten staatlichen Sozialversicherungssystem sind seit der Weimarer Zeit immer mehr marktwirtschaftliche Elemente hinzugekommen. Das derzeitige ambulante Versorgungssystem hat eine hohe Qualität und eine große Kapazität. Veränderungsbedürftig erscheinen:

- Überbetonung der Krankheitsheilung gegenüber Prävention und Rehabilitation
- unzureichende Kooperation zwischen dem ambulanten und stationären Bereich
- mengensteuernde Anreize im System, die über ein vernünftiges Versorgungsangebot hinausgehen
- Überangebot von Leistungserbringern und Versorgungseinrichtungen

1.9 Qualitätssicherung

Der Gesetzgeber bestimmt im SGB V Maßnahmen zur Qualitätssicherung und Qualitätsprüfung.

> Die von Ärztekammern und KVen festgelegten Qualitätsstandards differieren zuweilen.

Die Kassenärztliche Bundesvereinigung (KBV) legt in Richtlinien Standards fest oder vereinbart mit den Krankenkassen im Bundesmantelvertrag einheitliche Qualitätserfordernisse, die den Standard der in der Weiterbildung erworbenen Kenntnisse übersteigen. So verdeutlichen die Psychotherapierichtlinien schon seit Jahren eine hohe Qualitätsanforderung zur Abrechnung der Leistungen von Psychotherapie und psychosomatischer Grundversorgung. Die durch die Aus-, Weiter- und Fortbildung des Arztes und seiner Mitarbeiter erreichte Qualität wird als Strukturqualität von Prozeß- (Praxisablauf, Kooperation mit Ärzten und anderen Heilberufen) und Ergebnisqualität (Röntgenuntersuchungen, Sonographie, elektrophysiologische Untersuchungen) abgegrenzt.

In den Qualitätssicherungsrichtlinien der KBV wird den niedergelassenen Ärzten die Gründung und die Teilnahme an sogenannten Qualitätszirkeln empfohlen.

Die Teilnahme ist freiwillig. Die Kassenärztlichen Vereinigungen unterstützen und fördern Qualitätszirkel (Schulung und Entschädigung von Moderatoren, organisatorische Betreuung). In Qualitätszirkeln schließen sich 6 bis 10 (höchstens 16) niedergelassene Ärzte zusammen. Es handelt sich hier um eine interkollegiale Fortbildung nach Art eines „Peer-review-Systems". Die Teilnehmer, die sich alle 4 bis 6 Wochen in einem Qualitätszirkel für ca. zwei Stunden treffen, haben dort Gelegenheit, ihr eigenes ärztliches Handeln zu reflektieren – etwa Praxisorganisation, diagnostische und therapeutische Probleme, Probleme der Arzt-Patienten-Beziehung, Kosten-Nutzen-Erwägungen. Damit gehen Qualitätszirkel über die Inhalte von Balint-Gruppen hinaus.

Viele niedergelassene Ärzte glauben, für Qualität allein verantwortlich zu sein, etwa durch Fortbildung. Dem steht entgegen, daß der Gesetzgeber weitergehende Maßnahmen fordert, die von den Kassenärztlichen Vereinigungen mit dem Qualitätszirkelkonzept umgesetzt werden und so in ärztlicher Kompetenz bleiben. Die Abneigung vieler Ärzte gegen Qualitätszirkel bezieht sich vor allem darauf, daß hier Standards oder Leitlinien festgelegt würden, die u.a. die Therapiefreiheit und somit die Eigenverantwortlichkeit des Arztes beschnitten. Bei genauer Prüfung wird man jedoch feststellen, daß solche Standards keine rechtsverbindlichen Vorschriften darstellen, sondern allenfalls Handlungsempfehlungen im Rahmen der Eigenverantwortlichkeit des Arztes sind.

1.10 Burnout-Prophylaxe

Die abwechslungsreiche, aber auch ständig Kraft, Geduld und Zuversicht erfordernde psychiatrisch-psychotherapeutische Tätigkeit kann zu einer nicht mehr kompensierbaren Belastung führen, die den ärztlichen Handlungsspielraum einengt und die eigene psychische Gesundheit gefährdet.

Kennzeichnend für ein solches „Burnout“ (Ausgebranntsein) sind das Gefühl ständiger Erschöpfung und Überforderung, ein Nachlassen des Engagements und mangelnde Identifikation mit der Arbeit, Unzufriedenheit und eine negative Sicht von sich selbst und anderen Menschen.

Psychiatrisch und psychotherapeutisch Arbeitende müssen aus Gründen der eigenen Psychohygiene darauf achten, selbst nicht zu kurz zu kommen. Die qualifizierte psychiatrisch-psychotherapeutische Weiterbildung kann hier prophylaktische Hilfen und Strategien vermitteln, die dem mit der Persönlichkeit des Arztes oft verbundenen Helfersyndrom entgegenwirken. So ist es wichtig, sich mit den eigenen Bedürfnissen von denen des Patienten ausreichend abzugrenzen. Im Gespräch behält der Arzt die Führung und nicht der Patient. Jedes Gespräch hat eine vorher festgelegte Dauer, die nur in Ausnahmefällen überschritten werden sollte. Für eine Leistung steht dem Arzt Honorar zu, welches er fordern darf und muß. Neben der Arbeitszufriedenheit und dem beruflichen Erfolg ist die materielle Seite ein wichtiger positiver Verstärker.

Sich von den Bedürfnissen des Patienten abgrenzen heißt: nein sagen können; der Arzt muß nicht allen Bedürfnissen des Patienten nachgeben. Die „gute Mutter“ ist nur dann wirklich gut, wenn sie geben, aber auch Grenzen setzen kann. Mit dem Neinsagen geht der Arzt Konflikte mit seinen regressiv gestimmten Patienten ein, deren Bearbeitung oft eine positive Entwicklung bewirkt.

Zur seelischen Balance ist es wichtig, sich während und gerade am Ende der Behandlung erfolgreich zu erleben. Hierzu bedarf es in erster Linie persönlicher und fachlicher Kompetenz, aber auch eines Bewußtseins für das Machbare, also für die Grenzen der Behandlung. Die Ziele der Therapie sind in Abstimmung mit dem Patienten realistisch zu begrenzen. Schließlich ergeben sich weitere Komplikationen der psychiatrisch-psychotherapeutischen Arbeit aus emotionalen Verstrickungen (z.B. infolge Gegenübertragung), die mit den eigenen Problemen des Therapeuten zusammenhängen. Die Sicht für die Schwierigkeiten des Patienten wird hierdurch getrübt. Zur Prophylaxe des Burnout-Syndroms empfiehlt sich die regelmäßige oder zumindest episodische Teilnahme an einer Balint-Gruppe (s. Kap. 1.11). Bei mangelnder persönlicher

Kompetenz sind Eigentherapie oder Selbsterfahrung anzuraten. Weitere prophylaktische Maßnahmen sind Verbesserungen und Fähigkeiten in folgenden Bereichen:

- Entspannung
- Streßbewältigung
- Zeitmanagement
- Arbeitsorganisation
- Problemlösen und Entscheiden
- verbale/nonverbale Kommunikation
- soziale Kompetenz
- körperliche Fitness
- Gesundheitsprävention

1.11 Balint-Gruppe

Michael Balint entwickelte schon früh den Gedanken, medizinisch-naturwissenschaftliche und psychoanalytische Kompetenz miteinander zu verbinden. Balint-Arbeit ist heute eine gut abgesicherte Methode. Von ihr können Ärzte und Psychotherapeuten profitieren, die bereit sind, monokausales medizinisches Denken zu verlassen und sich auf den Beziehungsaspekt zum Patienten einzustellen, und dies mit einer interaktionell-partnerschaftlichen Haltung.

Über die mit den fünf Sinnen wahrzunehmenden und kognitiv zu verarbeitenden Erkenntnisse hinaus ergibt sich die Möglichkeit eines 6. Sinnes, den der emotionalen Resonanz oder analytisch ausgedrückt der Gegenübertragung. So gesehen ist Balint-Arbeit Beziehungsdiagnostik und Beziehungstherapie.

In einer Balint-Gruppe treffen sich 8 bis 12 interessierte Ärzte und Psychotherapeuten regelmäßig alle 2 oder 4 Wochen für jeweils 2 Stunden. Bei solchen Treffen wird besprochen, was die Teilnehmer mit ihren Patienten in der täglichen Praxis erlebten. Ein Gruppenmitglied berichtet aus seiner persönlichen Sicht über eine problematische Beziehung zu einem Patienten. Die anderen hören aus einer Beobachterposition aufmerksam zu und äußern dann ihre Einfälle und Phantasien zu der vorgestellten Beziehung. Dabei erfolgen partielle Identifikationen mit dem Berichterstatter oder mit dem Patienten. Es ergibt sich ein repräsentatives vollständiges Bild über die vorgestellte Beziehung, wobei auch jene Aspekte zur Sprache kommen können, die dem Berichterstatter bisher verborgen blieben.

Die wirklichen Bedürfnisse des Patienten, der immer wieder mit einem Präsentiersymptom in die Praxis kommt, werden deutlich. Der Berichterstatter und die Gruppenmitglieder werden freilich auch mit bisher nicht gesehenen Anteilen ihrer Persönlichkeit konfrontiert, die aus Angst vor Scham und Schuldgefühlen bisher verdrängt wurden. Insofern ist Balint-Arbeit auch schmerzhafte Einsicht und Selbsterfahrung, über die der Therapeut reifen kann.

Teilnehmer von Balintgruppen berichten oft von einer solchen Reifung. Sie erleben sich nach 1 bis 2 Jahren regelmäßiger Gruppenarbeit vollständiger und kompetenter, fühlen sich in der Patientenbeziehung sicherer und kommen mit schwierigen Patienten besser zurecht. So dient Balint-Arbeit auch der persönlichen Psychohygiene des Therapeuten; sie ist insbesondere zur Ausübung von Psychotherapie unerläßlich.

2 Institution

2.1 Versorgungssituation und Bedarf

Durch die Maßnahmen des Gesundheitsstrukturgesetzes (GSG) von 1993 ist die Niederlassungsfreiheit empfindlich eingeengt worden. Die Bedarfsplanungsrichtlinien legen Verhältniszahlen fest, die den Bedarf an nervenärztlicher Versorgung in einer Region definieren. Ausgenommen hiervon sind bis zum Inkrafttreten des Psychotherapeutengesetzes die Gebiete Kinder- und Jugendpsychiatrie und -psychotherapie und Psychotherapeutische Medizin sowie die psychotherapeutische Versorgung insgesamt. Die Bedarfsplanungsrichtlinien differenzieren nicht zwischen nervenärztlicher, psychiatrischer und neurologischer Versorgung. Die drei Gebiete werden noch unter dem Oberbegriff „nervenärztliche Tätigkeit" zusammengefaßt. In dichtbesiedelten Gebieten – etwa in Großstädten – ist derzeit ein Nervenarzt auf ca. 12.000 Einwohner vorgesehen, in gering besiedelten, ländlichen Gebieten liegt die Verhältniszahl bei 1:44.000. Im Durchschnitt soll ein Nervenarzt 23.000 Einwohner versorgen.

Nach verschiedenen epidemiologischen Studien wird in Deutschland ein Nervenarzt zur Versorgung von 10.000 bis 20.000 Einwohnern für notwendig gehalten, so daß insgesamt noch von einem Bedarf auszugehen ist, der über die derzeit festgestellten Verhältniszahlen deutlich hinausgeht.

Ende 1994 praktizierten im Bundesgebiet insgesamt 5.000 Nervenärzte. Damit liegt der Anteil der Nervenärzte unter allen niedergelassen Ärzten bei ca. 4%. Hinzukamen Ende 1994 2.150 psychotherapeutisch tätige Ärzte, deren Anteil an der Versorgung sich wegen Doppelzählung reduzieren dürfte. In den meisten Bundesländern gibt es nur noch wenig offene Planungsbereiche für „Nervenärzte". Möglichkeiten der Niederlassung bestehen vor allem noch in den neuen Bundesländern, in Bayern und in Niedersachsen. Mängel in der Sicherstellung der Versorgung bestehen im Gebiet der

Kinder- und Jugendpsychiatrie und -psychotherapie sowie im psychotherapeutischen Bereich, hier vor allem in ländlichen Gebieten.

2.2 Praxisgründung, Praxisübernahme

Neugründung oder Übernahme einer Praxis stellen ein nicht geringes wirtschaftliches Risiko dar. Sie erfordern kaufmännisches Denken und Fähigkeiten zu Organisation und Management. Im Vergleich zur Tätigkeit als angestellter Arzt im Krankenhaus fallen die regelmäßigen Gehälter und die Sozialleistungen weg. Der Arzt muß für seine Krankenversicherung und seine Altersversorgung selbst aufkommen, muß sich gegen Verdienst- und Praxisausfall absichern und übernimmt gegenüber seinem Personal soziale Verantwortung. Unvorhergesehene Notfälle verlängern die Arbeitszeit; die kassenärztlichen Pflichten verlangen Präsenz. Auch der Nervenarzt bzw. Psychiater muß am allgemeinen Notdienst teilnehmen.

Die Einkommensstatistik aller Arztgruppen weist den Nervenarzt seit Jahren im hinteren Drittel aus. Der Umsatz aus vertragsärztlicher Tätigkeit liegt für die Nervenarztpraxis derzeit bei 370.000 DM pro Jahr. Bei einem Betriebskostenanteil von 48,3% liegt damit das verfügbare Einkommen aus vertragsärztlicher Tätigkeit vor Steuer bei knapp 180.000 DM. Weitere Einnahmen sind aus privatärztlicher Tätigkeit, aus Gutachter- und Konsiliartätigkeit, berufspolitischer oder journalistischer Arbeit zu erzielen.

Bei der Übernahme einer bestehenden Praxis überprüfen seit Inkrafttreten des Gesundheitsstrukturgesetzes die bei den KVen angesiedelten Zulassungsausschüsse den vom Veräußerer festgesetzten Kaufpreis.

Er darf die Höhe des Verkehrswerts der Praxis nicht übersteigen. Von den zahlreichen Methoden, die geeignet sind, den Wert einer Praxis zu ermitteln, hat sich die sogenannte Ärztekammermethode bewährt. Sie berücksichtigt den ideellen und den Sachwert einer Praxis nach festgelegten Kriterien. Ärztekammer und KVen beraten ihre Mitglieder in Fragen der Praxisveräußerung bzw. -übernahme.

2.3 Räumlichkeiten und Ausstattung

Das geringste wirtschaftliche Risiko wird der eingehen, der seine Tätigkeit auf psychiatrisch-psychotherapeutische Leistungen beschränkt.

Er benötigt weniger Praxisfläche, keine teuren Geräte und vor allem weniger Personal. 50 bis 100 qm und 1,5 Helferinnen sind bei guter Organisation ausreichend. Die Aufwertung der „sprechenden Medizin" durch den Einheitlichen Bewertungsmaßstab (EBM) vom 01.01.1996 gibt einer solchen Praxis eine solide wirtschaftliche Basis, allerdings stets in Abhängigkeit vom Punktwert (s. Kap. 2.8).

Teurer und risikoreicher ist die gemischtarbeitende neurologisch-psychiatrisch-psychotherapeutische Praxis, besonders dann, wenn sie als Einzelpraxis betrieben wird.

Eine solche Praxis benötigt eine Fläche von mindestens 150 qm. Es wird standardmäßig eine Geräteausstattung für EEG, EMG, evozierte Potentiale und Doppler-Sonographie, oft auch transkranielle Doppler-Sonographie und Magnetstimulation, erforderlich. Einige solcher Geräteleistungen sind an die Arzthelferinnen oder an eine MTA delegierbar. Die gemischt arbeitende Nervenarztpraxis kann sicherlich auch mit einer Basisdiagnostik auskommen und die spezielle neurologische Diagnostik an einen Facharzt für Neurologie delegieren, dessen umfangreiches Equipment die höchsten Praxiskosten nach sich zieht. Für die mit einem umfangreichen Gerätepark ausgestattete gemischt arbeitende Nervenarztpraxis benötigt man drei bis fünf Arzthelferinnen.

Für Raumplanung und Einrichtung empfiehlt sich die Hilfe eines professionellen Praxiseinrichters. Zuvor sollte der Nervenarzt/Psychiater allerdings genau wissen, welches Leistungsspektrum er anbieten und ob er die Praxis alleine oder mit einem Partner ausüben will. Es ist zweckmäßig, zunächst mit einem ausreichenden Setting zu beginnen, um die Ausstattung dann bei wirtschaftlichem Erfolg der Praxis zu einem späteren Zeitpunkt zu erweitern.

Bei der Raumplanung ist darauf zu achten, daß die Wege, die der Arzt zurücklegen muß, möglichst kurz sind und der Untersuchungsablauf für den Patienten eindeutig gekennzeichnet ist. Neben dem Wartezimmer empfiehlt sich die Einrichtung von Vorwartezonen, etwa vor dem EEG oder vor dem Sprechzimmer, dessen Türen einen besonderen Schallschutz aufweisen sollten. Für die interne Kommunikation kann eine Gegensprechanlage installiert werden, falls das Telefon nicht ausreicht. Die Kommunikation nach außen erfolgt mit einer Telefonanlage mit zwei Anschlüssen, wobei eine Leitung für ein Faxgerät genutzt werden kann, welches eine zeitsparende Kommunikation darstellt. ISDN-Leitungen ermöglichen mehrere Anschlüsse über eine Leitung.

2.4 Personal, Verträge

Der niedergelassene Arzt ist Arbeitgeber und Ausbilder zugleich. Musterverträge für Arzthelferinnen und Auszubildende sind über die Ärztekammer zu bekommen. Für die Arzthelferin existiert ein Mantelvertrag. An diesen Vertrag muß sich der Arzt nicht halten, er kann Verträge auch in freier Form abschließen. Aus Kostengründen empfiehlt sich oft die Einrichtung von Teilzeitarbeitsplätzen oder die Einstellung von Aushilfen für Schreib- und Reinigungsarbeiten. Der Steuerberater gibt Hilfen beim Abschluß von Arbeitsverträgen.

Bei Mietverträgen sollte eine Laufzeit von 5 bis 10 Jahren vereinbart werden, um Unwägbarkeiten vorzubeugen. Häufig läßt sich für die ersten 5 Jahre eine feste Miete vereinbaren. Wegen der langfristigen Festlegung empfiehlt es sich, den Mietvertrag vor Unterzeichnung durch einen Fachmann prüfen zu lassen.

2.5 Kassenzulassung

Mit der Zulassung als Vertragsarzt ist der Nervenarzt/Psychiater in die vertragsärztlichen Pflichten (s. Kap. 3) eingebunden, die er von Anfang an beachten muß. Er ist für alle gesetzlichen Krankenkassen zugelassen. Man unterscheidet die Krankenkassen (z.B. AOK, BKK, IKK, LKK, Bundesknappschaft) und die Ersatzkassen (z.B. BEK, DAK, TK, KKH).

Nach der Berufsordnung und den Bundesmantelverträgen ist er verpflichtet, Sprechstunden anzukündigen und abzuhalten, besonders auch vor und nach dem Wochenende, also am Freitagnachmittag und am Montagmorgen.

Der Arzt bekommt von der Kassenärztlichen Vereinigung eine Vertragsarztnummer, die im Stempel und dessen Computerausdruck enthalten sein muß. Er bezieht über die regionalen Bezirksstellen der KVen die notwendigen Formulare (s. Kap. 3). Das Vertragsverhältnis zu den Krankenkassen wird über die KVen geregelt, d.h. der Arzt wendet sich in allen Fragen der vertragsärztlichen Versorgung an seine KV und nicht direkt an die Krankenkasse.

2.6 Gemeinschaftspraxis, Praxisgemeinschaft

Wenn der Versorgungsbedarf es ermöglicht, ist es aus Gründen der Kostenreduzierung sinnvoll, die Praxis mit einem oder mehreren Partnern gemeinsam zu betreiben. In einer Praxisgemeinschaft werden Räumlichkeiten und Personal sowie Geräte gemeinsam genutzt. Jeder Arzt in der Gemeinschaft rechnet jedoch seine Leistungen gesondert mit der KV ab und hat eine eigene Abrechnungsnummer. Bei einer Gemeinschaftspraxis treten die Partner nach außen hin als eine Praxis auf und teilen im Innenverhältnis den Gewinn nach einem vertraglich festgelegten Schlüssel.

Auch für Praxisgemeinschaften und Gemeinschaftspraxen gilt das Prinzip der freien Arztwahl des Patienten. Im Fall der Praxisgemeinschaft haften im Schadensfall bei einer Behandlung bei Ersatzansprüchen alle Partner gemeinschaftlich. Im Vertrag sollte daher klargestellt werden, daß der Schadensverursacher die anderen Partner von der Haftung freistellt.

Die Gründung einer Gemeinschaftspraxis bedarf der Genehmigung durch die KV; die Praxisgemeinschaft muß lediglich angezeigt werden!

Bei einer **Apparategemeinschaft** werden lediglich bestimmte Geräte gemeinsam genutzt. Dabei muß die Apparateleistung immer von dem Arzt erbracht werden, der sie abrechnet. Ausnahmen sind in den Bundesmantelverträgen geregelt.

2.7 Institutsambulanz

Psychiatrisch-psychotherapeutische Institutsambulanzen und Universitätspolikliniken arbeiten – bei unterschiedlicher Schwerpunktsetzung – im großen und ganzen ähnlich wie die psychiatrische Praxis. Sie sind allerdings laut Bundesgesetz von 1986 eingerichtet für die Versorgung von Patienten, die wegen der Art, Schwere oder Dauer ihrer Krankheit auf die Versorgung durch solche Einrichtungen angewiesen sind. Grundlage für Zielsetzung und Leistungsspektrum sind die Bestimmungen der §§ 118 und 120 des Sozialgesetzbuches (SGB) V. Ärztlich verantwortlich ist der jeweilige Chefarzt oder Direktor der Klinik, der allerdings seine Aufgaben an leitende Mitarbeiter delegieren kann. Die Zulassung für die ambulante Tätigkeit erfolgt gegenüber der gesamten Institution bzw. dem jeweiligen Träger, im Gegensatz zur sog. Ermächtigungsambulanz, bei der der leitende Arzt lediglich persönlich für Teilbereiche des Fachgebietes die Kassenzulassung erhält, sofern hierfür ein regionaler Bedarf besteht. Da Ermächtigungsambulanzen hierdurch gelegentlich zu „grauen Ambulanzen" verkümmern, haben sie im psychiatrisch-psychotherapeutischen Bereich weitgehend an Bedeutung verloren.

Räumlichkeiten, Ausstattung und Arbeitsweise dürften denen einer Gemeinschaftspraxis gleichen. Hinsichtlich der Aufgabenschwerpunkte bestehen jedoch meistens Unterschiede.

Zum einen übernimmt die Krankenhausambulanz – auch auf ausdrücklichen Wunsch der Kassen – gelegentlich die anfängliche Nachsorge nach Entlassung aus stationärer Behandlung, im besonderen dann, wenn bis zur Einweisung noch kein Spezialist in Anspruch genommen wurde. In fachlich weniger dicht besetzten Regionen mag zudem auch die Funktion als sog. Vorschaltambulanz eine Rolle spielen, d.h. als Clearingstelle zur Diagnostik und weiteren Indikationsstellung.

Hiervon abgesehen unterscheidet sich in der Regel auch – wie oben angedeutet – die Klientel von der des niedergelassenen Psychiaters und Psychotherapeuten.

Aufgrund der meist guten personellen Ausstattung (multiprofessionelles Team) wie auch einer größeren organisatorischen Flexibilität infolge der Einbindung in den gesamten Krankenhausapparat (z.B. Kontaktclub, Café, Werktherapie) entstehen größere zeitliche Spielräume, die eine intensivere und umfassendere Diagnostik und Therapie bei besonders schwierigen Patienten zulassen, vor allem hinsichtlich spezieller aufwendiger Diagnoseverfahren oder neuerer, noch in Erprobung befindlicher Therapieverfahren. Es sind dies in erster Linie schwer chronisch Psychosekranke, Patienten mit Persönlichkeitsstörungen und Mehrfacherkrankte.

Je nach Häufung bestimmter Patientengruppen empfiehlt sich die Einrichtung von Spezialambulanzen z.B. für Angstpatienten, Zwangskranke, Depressive, Demenzkranke oder Eßgestörte.

Eine weitere wesentliche Aufgabe der Krankenhausambulanz liegt in der konsiliarischen Betreuung benachbarter somatischer Abteilungen oder Krankenhäuser. Diese kann auch in Form eines sog. Liaisondienstes geschehen, in dessen Rahmen im Klinikum oder Nachbarkrankenhaus regelmäßig psychiatrisch-psychotherapeutische Sprechstunden abgehalten werden.

Aus den hohen Anforderungen an die Fachkompetenz der Ambulanz ergibt sich, daß die dort arbeitenden Ärzte die Facharztqualifikation haben oder zumindest am Ende ihrer Weiterbildung stehen sollten. Der Abteilungsleiter sollte auf jeden Fall die psychiatrische und psychotherapeutische Weiterbildung abgeschlossen haben.

2.8 Andere Kooperationsformen

Im Rahmen seiner vertragsärztlichen Tätigkeit darf der Arzt nur die oben genannten Kooperationsformen eingehen. Über andere letztmögliche Kooperationsformen lassen sich Bereiche abdecken, die nicht Inhalt der vertragsärztlichen Versorgung im engeren Sinne sind, so z.B. rehabilitative Projekte, etwa die Rehabilitation von Schlaganfallpatienten oder die ambulante psychosomatische oder psychiatrische Frührehabilitation am Wohnort. Auch eine präventive Tätigkeit ist denkbar (Suchterkrankungen, Persönlichkeitsstörungen). Die Kassenärztliche Bundesvereinigung hat als besondere Kooperationsform die ambulante therapeutische Gemeinschaftseinrichtung (ATG) entwickelt, die von einem Arzt geleitet wird, der die Zusatzbezeichnung „Rehabilitationswesen" führen soll. In der ATG können so verschiedene Heilberufe miteinander kooperieren wie Physiotherapeuten, Logopäden, Psychologen und Ergotherapeuten.

Zur Umsetzung ähnlicher Projekte läßt die Berufsordnung jetzt auch medizinische Kooperationsgemeinschaften zu, die sich in der Form einer Partnerschaftsgesellschaft nach dem Partnerschaftsgesellschaftsgesetz oder über die Bildung einer Kooperationsgemeinschaft in der Rechtsform einer Gesellschaft bürgerlichen Rechts organisieren. Hier sind jedoch steuerliche Auswirkungen zu erwarten, die eine umfassende Beratung im Vorfeld erforderlich machen. Ausdrücklich wird hier dem Arzt die Kooperation mit den folgenden Berufsgruppen erlaubt:

- psychologische Psychotherapeuten
- Kinder- und Jugendlichenpsychotherapeuten
- Psychologen
- klinische Chemiker
- andere Naturwissenschaftler
- Sozialpädagogen
- Heilpädagogen
- Hebammen
- Logopäden
- Ergotherapeuten
- Physiotherapeuten
- medizinisch-technische Assistenten
- Pflegeberufe
- Diätassistenten

Die neuen Kooperationsformen ermöglichen dem Arzt, neue Aufgabenfelder und finanzielle Ressourcen außerhalb der vertragsärztlichen Tätigkeit zu erschließen. Sie sind vielleicht auch geeignet, den gefährdeten ambulanten Sektor des Gesundheitssystems reformhaft durch Managed-Care-Konzepte zu stützen, die in den USA bereits Verbreitung gefunden haben.

2.9 Gebührenordnungen

Die Abrechnungen der in der Praxis erbrachten Leistungen erfolgt mit Hilfe von Gebührennummern, die jedoch für eine Leistung nicht einheitlich sind. Die verschiedenen Kostenträger haben eigene Gebührenverzeichnisse.

Zur Abrechnung der Leistungen in der gesetzlichen Krankenversicherung (Krankenkassen und Ersatzkassen) dient der Einheitliche Bewertungsmaßstab (EBM). Privatärztliche Leistungen werden mit der Gebührenordnung für Ärzte (GOÄ) abgerechnet.

Die GOÄ ist auch Grundlage für die Abrechnung der Leistungen mit anderen Kostenträgern, wobei allerdings Steigerungsfaktoren zur Anwendung kommen können, so zum Beispiel bei der Gebührenordnung der gesetzlichen Unfallversicherung (Berufsgenossenschaften) und der Deutschen Krankenhausgesellschaft (Deutsche Krankenhausgesellschaft Nebentarif = DKGNT), der bei der Abrechnung von Konsiliaruntersuchungen für Krankenhäuser Anwendung finden kann. Für Gutachtenerstattung wird ebenfalls die GOÄ mit dem Steigerungsfaktor 1,0 zugrundegelegt.

Der Gebührenrahmen der GOÄ wurde am 01.01.1996 neu gegliedert. Es gelten weiterhin die bisherigen Gebührenspannen vom 1- bis 2,3fachen Satz (bis zum 3,5fachen Satz mit besonderer Begründung) für die grundsätzlich persönlich erbrachten Leistungen. Für die medizinisch-physikalischen Maßnahmen sind „Schwellenwerte" zwischen dem 1fachen bis 1,8fachen (mit Begründung bis zum 2,5fachen) Satz vorgesehen. Neu eingeführt wurde eine Gebührenspanne für Laborleistungen vom 1- bis 1,15fachen Satz (mit Begründung bis 1,3). Für die privat versicherten Beamten sind zusätzlich die Beihilferichtlinien zu beachten.

Für den Anfänger ist es verwirrend, sich in dem Dschungel verschiedenster Gebührenverzeichnisse zurechtzufinden. Der Vorteil der Vielfalt liegt aber darin, daß die Ärzte die Möglichkeit haben, mit verschiedenen Vertragspartnern über unterschiedliche Honorare zu verhandeln.

Die häufigsten Gebührenziffern aus dem psychiatrischen und psychotherapeutischen Bereich (EBM und GOÄ) finden sich im Anhang unter Kap. 10.4.

2.10 Dokumentation

Die Notwendigkeit zur Dokumentation ergibt sich zunächst aus dem eigenen Interesse des Arztes, der bestimmte Daten für die kontinuierliche Behandlung des Patienten benötigt. Sie ist auch nötig, um einem Vertreter eine Übersicht über den Behandlungsverlauf und die derzeit verordneten Medikamente zu geben. Es ist zweckmäßig, jedes Rezept, das ausgestellt wird, in der Karteikarte zu dokumentieren. Dies ermöglicht eine Kontrolle der Compliance des Patienten.

Eine gute Dokumentation, die in der Karteikarte und eventuell zusammengefaßt als Befundbericht geführt wird, ermöglicht ein schnelles Wiedererkennen eines Patienten.

In der Praxis kann die kontinuierliche Dokumentation handschriftlich auf einer Karteikarte erfolgen oder auf elektronischem Wege mit Hilfe der Datenverarbeitung. Der schriftliche Bericht an den überweisenden Arzt ist darüber hinaus eine besondere Form der Dokumentation, die der Information dient und gleichzeitig die Praxis nach außen darstellt. Zu einer solchen Information ist der Vertragsarzt verpflichtet.

Eine besondere Bedeutung kommt einer lückenlosen Dokumentation zu bei Fragen der Wirtschaftlichkeitsprüfung durch die KVen und beim Vorwurf einer fehlerhaften Abrechnung. Auch bei forensischen Fragen – Vorwurf eines Behandlungsfehlers (s. Kap. 3.5) – kann nur die vollständige Dokumentation zu einer Entlastung führen.

Diese muß nach der letzten Konsultation 10 Jahre aufbewahrt werden. Bei der Vernichtung von Aufzeichnungen über Patienten ist wegen der Schweigepflicht besondere Sorgfalt geboten. Es empfiehlt sich die Entsorgung von nicht mehr aufbewahrungspflichtigen Unterlagen durch ein professionelles Unternehmen, das die tatsächliche Vernichtung der Unterlagen schriftlich zusichern sollte.

2.11 Elektronische Datenverarbeitung (EDV)

Wenngleich kleinere Praxen bei guter Praxisorganisation durchaus mit konventionellen Methoden zurechtkommen, wird der Praxiscomputer auf Dauer in alle Praxen einziehen. Er ist derzeit noch nicht vorgeschrieben. Obligat ist lediglich ein Lesegerät, mit dessen Hilfe die Versicherungskarte in ein einfaches Computersystem eingelesen und verwaltet werden kann. Für die Zukunft ist jedoch zu erwarten, daß auch die Abrechnung auf elektronischem Wege über Disketten erfolgen wird. Der Anteil der mit der EDV abrechnenden Ärzte nimmt kontinuierlich zu und liegt bereits bei 60%.

Eine Praxis-EDV mit einem guten Arztprogramm ermöglicht neben der Verwaltung von Patientendaten und dem Formular- und Rezeptdruck die karteikartenlose Praxis (elektronische Karteikarte) und den Einsatz von Spracherkennungssystemen, mit deren Hilfe der Arzt allein über Spracheingabe dokumentieren kann.

Solche Fortschritte führen insbesondere bei großen Praxen zu erheblichen Rationalisierungseffekten.

Bei der Auswahl eines Arztprogramms für die EDV – es gibt weit über 100 Anbieter – sollte man sich für einen der Marktführer entscheiden, der am ehesten die Konstanz der Softwareweiterentwicklung sicherstellen kann. Ein nicht zu unterschätzender Vorteil einer Praxis-EDV ist auch das Einlesen von Fremdbefunden in das Computersystem über einen Scanner. Große Mengen von Papier müssen auf diesem Wege nicht mehr gelagert werden (10 Jahre Aufbewahrungspflicht!).

Die völlig auf EDV eingestellte Praxis wird allerdings darauf achten müssen, ihre Daten sorgfältig zu sichern, da sich bei Datenverlust kaum mehr etwas rekonstruieren läßt.

2.12 Berufshaftpflicht

Für die Haftung von Behandlungsfehlern durch den Arzt oder sein Personal ist der Abschluß einer Berufshaftpflichtversicherung, die oft auch die private Haftpflicht mit abdeckt, unverzichtbar. Sie ist in der Berufsordnung vorgeschrieben.

Beim Vorwurf eines Behandlungsfehlers sollte der Arzt dem Patienten vorschlagen, sich zunächst an die bei den Ärztekammern eingerichteten Gutachterkommissionen zu wenden, die meist eine Klärung herbeiführen können. So werden gerichtliche Verfahren vermieden.

Daneben ist eine Betriebsversicherung notwendig, über die das Inventar abgesichert wird. Wichtig ist zusätzlich zur Krankenversicherung eine Verdienstausfallsversicherung, die so hoch abgeschlossen werden sollte, daß damit bei Krankheit des Praxisinhabers ein Vertreter finanziert werden kann.

Bei allen Versicherungsverträgen sollte die Laufzeit zunächst auf ein Jahr begrenzt werden, bis sich vielleicht die Zuverlässigkeit einer Versicherung bewährt hat und längere Vertragsabschlüsse sinnvoll erscheinen. Bei einer jährlichen Zahlungsweise der Versicherungsprämie wird ein Rabatt gewährt. Oft ist es günstig, die Versicherungen der Praxis und des privaten Bereichs bei einem Versicherungsunternehmen zu bündeln. Dies bringt in der Regel Vorteile bei einer Schadensabwicklung.

2.13 Praxismanagement

Der Schritt in die ambulante Praxis bedeutet stets ein wirtschaftliches Risiko. Aufgegeben wird die Sicherheit des Angestelltenstatus mit einem auf Basis des BAT kalkulierten Gehalts und den sozialen Leistungen, die der Freiberufliche selbst zu finanzieren hat (private Krankenversicherung, berufsständische Altersversorgung, zusätzlich Altersversorgung durch Lebensversicherung und anderes). Es kommen neue Risiken auf ihn zu, gegen die er sich zu versichern hat: Verdienstausfallsversicherung, Haftpflichtversicherung, Betriebsversicherung. Der Arzt muß Gehälter an seine Helferinnen zahlen, benötigt eine Schreibkraft, eine Putzfrau und ist auf den Rat eines Steuerberaters angewiesen.

Das alles wird sich nur finanzieren lassen, wenn der Arzt die unternehmerischen Aspekte seiner Tätigkeit von Anfang an verfolgt und ein regelmäßiges Controlling der Praxis durchführt, um jederzeit die Sicherheit zu haben, daß die Praxis wirtschaftlich arbeitet, d.h. Gewinn erwirtschaftet.

Nachlässigkeiten in diesem Bereich führen oft – zunächst unmerklich – zu später nicht mehr zu korrigierenden Insolvenzen.

Ein mangelndes Controlling oder die schlechte Arbeit eines Steuerberaters sind das häufigste Versäumnis nach der Praxisgründung. Zunächst wird man jedoch darauf achten, bei der Einrichtung und Finanzierung der Praxis keine Fehler zu machen. Die komplette Einrichtung durch einen Praxiseinrichter enthält wichtige, für den Ablauf notwendige Standardausstattungselemente, oft aber auch überflüssige, für den Anfang nicht unbedingt notwendige Inventare. Zukauf ist jederzeit möglich, das Abstoßen vorhandener Praxiseinrichtung ist jedoch mit erheblichen Verlusten verbunden. Die solide Standardausrüstung wird man erweitern können, wenn die Praxis floriert und wirtschaftlich gesund ist.

In der Regel empfiehlt sich das folgende Vorgehen:
- Überblick über die tatsächlich benötigten Investitionen und den vollständigen Finanzierungsbedarf einschließlich der Betriebskosten und der privaten Kosten
- Ermittlung der Höhe der erforderlichen Kredite
- Entscheidung für eine seriöse Hausbank
- Einrichtung eines Kontokorrentkredites

Ein Girokonto ist erforderlich zur Abwicklung des Zahlungsverkehrs. Es sollte weder zu hoch im Plus sein (kaum Guthabenzinsen) und auch nicht zu tief im Minus liegen (hohe Zinsen). Über das Girokonto bestreitet man die laufenden Kosten. Es ist nicht geeignet zur Finanzierung von größeren Investitionen.

Das **Tilgungsdarlehen** ist die Grundform der langfristigen Fremdfinanzierung. Es eignet sich nicht zur Finanzierung der langfristigen Investitionen. Anfänglich kann eine tilgungsfreie Zeit vereinbart werden, die die Anlaufschwierigkeiten der Praxis berücksichtigt.

Neu angeschaffte Praxisgeräte sollten nach der Dauer ihrer Nutzung finanziert werden, ein EEG-Gerät z.B. über 5 bis 8 Jahre, die EDV über 3 bis 4 Jahre.

Ein folgenschwerer Fehler nach der Praxisgründung kann die Nichtbeachtung von zu erwartenden Steuernachzahlungen werden. In Absprache mit dem Steuerberater werden zunächst recht niedrige vierteljährliche Vorauszahlungen für die Einkommenssteuer festgesetzt, die die tatsächliche Steuerbelastung unterschreiten können. Das, was übrig bleibt, ist nicht Gewinn, sondern Gewinn vor Steuer. Der Arzt kann allenfalls die Hälfte solcher „Überschüsse“ verbrauchen, die andere Hälfte sollte er für Steuernachzahlungen auf einem Festgeldkonto parken oder mittelfristig anlegen.

Nach der ersten Einkommenssteuererklärung – der Bescheid des Finanzamtes kann erst 2 Jahre nach der Praxisgründung kommen – wird die wahre Steuerlast deutlich.

In die Nachzahlungen gehen dann auch die für das 2. Praxisjahr fälligen Erhöhungen der quartalsweisen Steuervorauszahlungen ein, die die fällige Nachzahlung verdoppeln. Hohe private Investitionen sollten in den ersten Jahren nach der Praxisgründung vermieden werden. Es gilt zunächst, den aus dem Angestelltenverhältnis gewohnten Lebensstandard zu halten.

Auf die gute Organisation der Buchführung (Einnahme-Überschußrechnung) kann hier nur hingewiesen werden. Die Verantwortung hierfür sollte in einer Hand liegen.

Während man an Raumkosten, Strom und Wasser nicht sparen kann, sind die Personalkosten durchaus zu hinterfragende Kosten. Der Arzt wird ermitteln, wieviele Helferinnen er benötigt und überprüfen, inwieweit Teilzeit- und Aushilfskräfte Vollzeitkräfte einsparen können. Durch eine übertarifliche Bezahlung lassen sich die Helferinnen an die Praxis binden, die wirklich qualifiziert und am Erfolg der Praxis beteiligt sind.

Regelmäßige Teamgespräche in der Praxis – etwa einmal wöchentlich – sichern die Kommunikation zwischen Arzt und Helferinnen.

Sie decken Schwachpunkte der Praxis auf (Wartezeiten, Freundlichkeit am Empfang, telefonische Erreichbarkeit, andere Rückmeldungen von Patienten) und sind somit auch wesentliches Mittel eines Patientenmarketings. Das Team sollte ständig hinterfragen:

- Warum machen wir das so?
- Wie können wir es besser machen?
- Wie wirkt das aus Sicht unserer Patienten?

Wesentliches Hilfsmittel eines Praxiscontrollings sind die von den kassenärztlichen Vereinigungen mit der Quartalsabrechnung übersandten Quartalsstatistiken. Der Arzt sollte sich also nicht mit dem Blick auf den Kontoauszug zufriedengeben, sondern seine Abrechnung genau analysieren und sich über sein Abschneiden zum Durchschnitt seiner Fachgruppe klar werden. Aus solchen Analysen ergeben sich wichtige Kriterien, die oft dazu zwingen, die Arbeitsweise der Praxis zu verändern.

Aus Quartalsstatistiken werden insbesondere erkennbar (jeweils im Vergleich zum Fachgruppendurchschnitt):

- Fallzahl
- Häufigkeit der Einzelleistungen
- Häufigkeit der Leistungsgruppen (Beratungen, Sonderleistungen)
- Fallwert
- Rentneranteil (wichtig für die Wirtschaftlichkeitsprüfung)

Die ebenfalls von den KVen zur Verfügung gestellten Statistiken über Arzneikosten und Kosten der verordneten Heilmittel können wichtige Warnsignale enthalten (Gefahr von Regressen) und sind quartalsweise sorgfältig auszuwerten.

Will sich der Arzt erfolgreich gegen Honorarkürzungen wehren, muß er darlegen, daß die Überschreitungen in den einzelnen Bereichen entweder durch Praxisbesonderheiten bedingt sind oder kompensatorische Einsparungen vorliegen. Eine Praxisbesonderheit ist grundsätzlich definiert als das Vorliegen eines besonderen, von der Strukturierung her erheblich von der Vergleichsgruppe abweichenden Patientenguts. Als Praxisbesonderheiten können gelten:

- besondere Untersuchungs- und Behandlungsmethoden (z.B. Methadon-Substitution, Betainterferon-Behandlung bei MS-Kranken)

- besondere Praxisausrichtung
- Unterversorgung am Praxisort
- Anfangspraxis
- erhöhter Rentneranteil
- Altenheimbetreuung

Als Serviceleistung bieten einige Kassenärztliche Vereinigungen eine betriebswirtschaftliche Beratung durch einen Fachmann an. Eine solche Beratung vermittelt zumindest eine grobe Übersicht über den Stand einer Praxis und ist oft für eine Weichenstellung ausreichend.

Eine vom Berufsverband Deutscher Nervenärzte in Auftrag gegebene betriebswirtschaftliche Analyse mit Kalkulation ausgewählter Gebührenziffern für nervenärztliche, neurologische und psychiatrische Praxen – es wurden 15 Praxen unter Zugrundelegung des Jahres 1994 bewertet – führte zu dem Ergebnis, daß viele Praxen nicht wirtschaftlich arbeiten. Die durchschnittliche Praxisgröße lag bei 185 qm, der durchschnittliche Fallwert bei 149 DM. Der Umsatz je Arzt errechnete sich mit 355.000 DM.

2.14 Kooperation mit dem Hausarzt

Der nervenärztlich-psychiatrisch tätige Arzt wird oft von seinen Patienten direkt aufgesucht. Das war früher schon mit Originalkrankenschein möglich und ist durch die Krankenversicherungskarte noch einfacher geworden. Viele Patienten werden jedoch von anderen Ärzten, insbesondere von den hausärztlich tätigen Ärzten, überwiesen, wobei auf dem Überweisungsschein meistens Mitbehandlung angekreuzt ist, selten einmal Konsiliaruntersuchung oder Weiterbehandlung.

Die Hausärzte spielen bei der Versorgung psychisch Kranker eine große Rolle. Sie betreuen etwa doppelt soviele psychisch kranke Menschen wie die Nervenärzte/Psychiater.

Nach neuester politischer Zielsetzung – Trennung des ambulanten Versorgungssystems in eine hausärztliche und fachärztliche Versorgung – sollen die hausärztlich tätigen Ärzte eine koordinative

Funktion ausüben, indem sie diagnostische, therapeutische und pflegerische Maßnahmen zusammenführen und alle Befunde zentral verwalten.

Zur Wahrnehmung einer solchen Aufgabe ist der Hausarzt auf Berichte über durchgeführte Untersuchungen und Behandlungen angewiesen. Darüber hinaus ist es manchmal notwendig, den hausärztlich tätigen Arzt, der das Umfeld des Patienten im allgemeinen gut kennt, über unerwartete Entwicklungen im Krankheitsverlauf telefonisch zu informieren. Ein solcher persönlicher Austausch, in dem der Nervenarzt auch die persönlichen Einschätzungen eines psychisch kranken Patienten durch den Hausarzt erfährt, macht aus der starren schriftlichen Berichterstattung eine lebendige Kommunikation mit einer vertrauensvollen Beziehung. Der hausärztlich tätige Arzt wird ggf. die im Laufe einer psychiatrischen Behandlung notwendigen Laboruntersuchungen übernehmen und seinerseits darüber informieren.

Hausärzte tun sich zuweilen schwer, einen Patienten zum Nervenarzt oder Psychiater zu überweisen. Sie teilen oft die Vorurteile ihrer Patienten und befürchten mit einem solchen Schritt eine Kränkung. Der regelmäßige Dialog mit dem hausärztlich tätigen Arzt wird solche Vorurteile abbauen können.

Auch die Teilnahme von Hausärzten an Qualitätszirkeln mit psychiatrischem Inhalt oder in Balint-Gruppen gemachte Erfahrungen werden zu einer Verbesserung von Kommunikation und Kooperation führen.

2.15 Kooperation mit anderen Berufsgruppen

Der sich als Einzelkämpfer verstehende nervenärztlich tätige Arzt ist heute ein Anachronismus.

Auch der auf Individualität und Originalität Wert legende Nervenarzt wird diese Eigenschaften nicht einbüßen, wenn er sich innerhalb und außerhalb seiner Praxis vernetzt, um möglichst viele der präventiv und rehabilitativ ausgerichteten Hilfen für seine Patienten zu nutzen.

Die allumfassende psychosoziale Versorgung ist allerdings oft eine Karikatur des Notwendigen. Sie stellt in erster Linie Verwaltung des psychisch Kranken dar und hat damit eine vorzeigbare Alibifunktion. Lokale Gesundheitskonferenzen, „runde Tische", Psychiatriefacharbeitskreise und psychosoziale Arbeitsgemeinschaften können nur dann funktionieren, wenn sie den beteiligten Trägern und den zu versorgenden Menschen genügend Raum für individuelle Entscheidungen geben. Die allumfassende Versorgung wäre eine neue in die Psychiatrie eingeführte Unfreiheit.

Gerade auf der Ebene der Städte und Kommunen fühlen sich viele im psychosozialen Bereich Tätige berufen, Planungen von Maßnahmen für psychisch Kranke durchzuführen. Psychiatrisch erfahrene Ärzte sind oft gar nicht oder nur am Rande beteiligt und kümmern sich auch von sich aus wenig um Einflußnahme. Ärztekammer, KVen und Berufsverbände müssen sicherstellen, daß kompetente psychiatrisch erfahrene Ärzte die Psychiatrie und den psychiatrisch kranken Menschen in solchen Gremien vertreten. In einem gemeindepsychiatrischen Versorgungssystem sollte der ambulant tätige Nervenarzt der Koordinator sein.

Auf Vernetzungen innerhalb der Praxis durch Bildung einer Praxisgemeinschaft/Gemeinschaftspraxis oder Gruppenpraxis mit unterschiedlicher Schwerpunktsetzung wurde bereits eingegangen. Nach Inkrafttreten des Psychotherapeutengesetzes wäre es auch möglich, Gemeinschaftspraxen mit den im Vertrag tätigen psychologischen Psychotherapeuten einzugehen. Eine solche Kooperation könnte mit vielen sich ergänzenden therapeutischen Verfahren eine gute psychiatrisch-psychotherapeutische Versorgung sicherstellen.

Wegen des Prinzips der persönlichen Leistungserbringung (s. Kap. 3.8) kann die nervenärztliche Praxis Psychologen, Sozialarbeiter, Pädagogen, Krankenschwestern und Ergotherapeuten nicht direkt beschäftigen; jedenfalls können die von diesen Berufsgruppen erbrachten Leistungen nicht über die Krankenkassen abgerechnet werden. Die Praxis wird sich mit diesen Berufsgruppen nach außen vernetzen und eine regelmäßige Kommunikation pflegen. Die genannten Berufsgruppen finden sich oft in psychosozialen Beratungsstellen, Tagesstätten für psychisch Kranke, Werkstätten für Behinderte, Wohngruppen, Wohnheimen und freien Praxen, alles Einrichtungen, die für die Versorgung des psychisch Kranken unverzichtbar sind.

Bei fast überall umgesetzter regionalisierter stationär-psychiatrischer Versorgung ist es notwendig, eine gute Kommunikation zu dem versorgenden psychiatrischen Krankenhaus des Einzugsgebietes der Praxis zu pflegen. Stationäre Einweisungen und geplante Entlassungen aus der stationären Behandlung sollten im Vorfeld besprochen werden, um die Kontinuität der Behandlung zu gewährleisten und die rehabilitativen Ziele auch wirklich zu erreichen.

Die vertrauensvolle Beziehung der einweisenden Praxis zum versorgenden Krankenhaus erhöht erfahrungsgemäß das Vertrauen des Patienten in die stationäre oder teilstationäre Behandlung und sichert den Behandlungserfolg.

Psychiatrisch-psychotherapeutische Tätigkeit mit Berücksichtigung von Prävention und Rehabilitation ist zeitraubend und belastend. Auch in gut versorgten Gebieten wird eine neu gegründete Nervenarztpraxis rasch unter Termindruck geraten und lange Wartezeiten aufbauen, die einen Stau in der Versorgung bedeuten. Andererseits ist die Nervenarztpraxis aus wirtschaftlichen Gründen auf eine relativ hohe Patientenzahl pro Quartal angewiesen und muß sich in ihrer Einbindung in die Sozialgesetzgebung auf das Notwendige und Ausreichende beschränken (Wirtschaftlichkeitsgebot). Ein dritter Punkt, der die Qualität von Versorgung mindert, ist die oft unzureichende Kooperation im Versorgungssystem mit zum Teil konkurrierenden Angeboten im psychosozialen Bereich.

Der Pychiater hat zwar aufgrund seiner Weiterbildung die fachliche Kompetenz für Diagnostik, Therapie, Prävention, Rehabilitation, Sozialpsychiatrie und Psychotherapie erworben, wird aber diese vielfältigen und komplexen Aufgaben als Einzelperson nicht umsetzen können. Er muß solche Bereiche mehr als bisher in Zusammenarbeit mit den Hausärzten koordinieren.

Eine Gemeinschaftspraxis/Praxisgemeinschaft mit mehreren Partnern wird die gestellten Anforderungen eher umsetzen können, vor allem wenn die Partner über unterschiedliche Schwerpunktbildungen verfügen.

Eine weitere Verbesserung der Versorgung wäre durch Kooperation mit anderen Berufsgruppen, die in der Praxis oder im Umfeld der Praxis tätig sind, zu erreichen. Die Voraussetzungen für solche Kooperationsformen, die den psychologischen Psychotherapeuten, den Sozialarbeiter, den Ergotherapeuten, den Pädagogen und die Krankenschwester einschließen können, sind jetzt mit dem Partnerschaftsgesellschaftsgesetz gegeben. Hier eröffnen sich kreative Möglichkeiten für neue Versorgungsformen, die auch außerhalb des Vertragsarztbereiches präventiv und rehabilitativ tätig werden können, z.B. im Rahmen von im GSG vorgesehenen Erprobungsregelungen.

3 Allgemeine Aufgaben und Pflichten

3.1 Ethische Grundsätze

Bei allen in der Praxis durchgeführten Maßnahmen sollte der Arzt den Grundsatz medizinischer Ethik beachten, die Autonomie des Patienten so wenig wie möglich und so viel wie gerade notwendig einzuengen. Zu aufwendige Diagnostik beispielsweise kann mit Gefahren für den Patienten verbunden sein, eine zu hohe Psychopharmakadosis engt den Patienten in seiner Lebensqualität ein, auch eine Krankenhauseinweisung kann Unfreiheit bedeuten, eine zu lange Psychotherapie Abhängigkeit.

Der Psychiater befindet sich forensisch gesehen freilich ständig auf einer Gratwanderung zwischen zuviel und zuwenig Einengung der Autonomie.

So kann eine zwangsmäßige Unterbringung eines depressiven Patienten dessen Suizid verhindern. Gleichzeitig kann aber der betroffene Patient Rechtsmittel gegen die Zwangseinweisung einlegen. Kommt es bei Nichteinweisung zum Suizid, sind ebenfalls rechtliche Schritte zu befürchten.

3.2 Aufklärung und Einwilligung

Bereits zu Beginn jeder diagnostischen oder therapeutischen Tätigkeit ist sicherzustellen, ob die Einwilligung des Patienten zu den geplanten Maßnahmen vorliegt („informed consent").

Die schriftlich oder mündlich gegenüber dem Arzt gegebene Einwilligung ist notwendig, da ansonsten nach wie vor juristischer Auffassung zufolge jeder ärztliche Eingriff als Körperverletzung zu gelten hat.

Die rechtsgültige Einwilligung setzt die Einsichtsfähigkeit des Patienten voraus, d.h., dieser muß die Bedeutung und Tragweite der Behandlung abschätzen können. Zu beachten ist, daß Einwilligungsfähigkeit nicht mit Geschäftsfähigkeit nach Paragraph 104 ff. BGB gleichzusetzen ist, d.h., auch ein Patient, dessen Geschäftsfähigkeit beschränkt oder aufgehoben ist, kann einsichtsfähig sein. Die Einsichtsfähigkeit muß jeweils aktuell von ärztlicher Seite beurteilt werden.

Ist der psychisch Kranke einsichtsfähig, muß er über die Behandlung aufgeklärt werden und in sie einwilligen. Die Pflicht zur Aufklärung umfaßt grundsätzlich Art, Tragweite, Dringlichkeit, wahrscheinlichen Verlauf und Folgen der vorgesehenen Behandlung einschließlich der möglichen Risiken wie auch Hinweise auf alternative Behandlungsmöglichkeiten. Hiervon sind psychotherapeutische Methoden nicht ausgenommen.

Der psychiatrische Alltag läßt allerdings nicht selten die Grenzen der Aufklärungspflicht erkennen. Möglicherweise überfordern Hinweise auf seltene Risiken krankhaft ängstliche oder schwer depressive Patienten und unterlaufen damit deren Behandlung und Heilung. Insofern entspricht es gängiger Rechtsprechung, wenn bei der Aufklärung der psychische Zustand des Patienten berücksichtigt wird, insbesondere, wenn Gesundheit oder Leben des Patienten auf dem Spiel stehen. Laut höchstrichterlicher Rechtsprechung kann der Arzt nicht gezwungen werden, durch eine zu weit gehende Aufklärung den Heilerfolg selbst zu beeinträchtigen.

Bei nicht einsichtsfähigen Patienten ist deren gesetzlicher Vertreter über Art, Umfang und Folgen der geplanten Behandlung aufzuklären, d.h. bei Minderjährigen Eltern oder Vormund, bei Erwachsenen der gesetzlich bestellte Betreuer. Dennoch sollte so weit wie möglich der Wille des Patienten berücksichtigt werden. Eingriffe, die mit Lebensgefahr oder dauerhaften schweren Schäden verbunden sein können, bedürfen obendrein der vormundschaftsgerichtlichen Genehmigung außer bei aktueller Gefährdung. Im Falle einer Behandlungsnotwendigkeit muß beim Vormundschaftsgericht eine Behandlungsbetreuung eingerichtet werden, wenn weder von einer mutmaßlichen noch antizipierten Einwilligung des nicht Einsichtsfähigen ausgegangen werden kann. Letztere kann besonders bei dementen bzw. verwirrten Patienten in Betracht kommen, wenn

Aufklärung und Einwilligung erfolgten, als diese noch einsichts- und einwillungsfähig waren. Die Abfassung eines sogenannten Patiententestaments kann eine hilfreiche Vorsorge sein.

3.3 Schweigepflicht

Die Berufsordnung legt fest, daß der Arzt über das, was ihm in seiner Eigenschaft als Arzt anvertraut oder bekannt geworden ist, zu schweigen hat. Dazu gehören auch schriftliche Mitteilungen des Patienten, Aufzeichnungen, Röntgenaufnahmen und sonstige Untersuchungsbefunde.

Laut § 203 StGB macht sich strafbar, wer unbefugt ein zu seinem persönlichen Lebensbereich gehörendes Geheimnis offenbart. Dies bedeutet, daß alle dem Arzt, Psychologen oder anderen Angehörigen eines Heilberufes anvertrauten Informationen eines Patienten geheimzuhalten sind.

Dies gilt auch gegenüber dessen Angehörigen, Verwandten und Bekannten. Selbst die Identität des Patienten und die Tatsache, daß er sich überhaupt in Behandlung befindet, sind geheimhaltungspflichtig. Nur der Patient selbst kann von der Schweigepflicht entbinden. Eine Offenbarungsbefugnis unter Mitbehandelnden und Mitarbeitern besteht nur insoweit, als sie in die Behandlung des Patienten eingebunden sind. Der Schutz des Geheimnisses gilt uneingeschränkt nach dem Tod des Patienten weiter. Auch in Strafverfahren besteht ein Zeugnisverweigerungsrecht des Therapeuten.

Der Schweigepflicht unterliegen freilich nur die durch die Berufsausübung erworbenen Kenntnisse, gleichgültig, ob in der Sprechstunde, beim Hausbesuch oder bei einer zufälligen Begegnung auf der Straße erlangt. Gegenüber den gesetzlichen Krankenkassen besteht insoweit eine Auskunftsverpflichtung, als Fragen zur Überprüfung der Leistungspflicht zu beantworten sind (z.B. Diagnose und Daten des Ablaufes einer Erkrankung). Auch gegenüber Versicherungsträgern sind im Interesse des Patienten die notwendigen Angaben zu machen, sofern dieser eine Entbindung von der Schweigepflicht vorlegt. Es empfiehlt sich grundsätzlich, jedes Auskunftsersuchen mit dem Patienten zu besprechen und dessen Einwilligung einzuholen.

Bei „rechtfertigendem Notstand" (§ 34 StGB) ist der Arzt allerdings zum Bruch der Schweigepflicht berechtigt, wenn dies zum Schutz eines höherwertigen Rechtsgutes erforderlich ist. Beispielsweise ist er befugt, die Verkehrsbehörde oder die Polizei zu benachrichtigen, wenn der Patient Auto fährt, obgleich er aufgrund seines gesundheitlichen Zustandes (z.B. Alkoholkrankheit, Drogenabhängigkeit, Anfallsleiden) fahruntauglich ist (s.a. Kap. 9.5). Zuvor hat er allerdings – z.B. bei einem HIV-Infizierten – auf ihn einzuwirken, seine Lebensführung entsprechend einzurichten. Auch in Fällen von Kindesmißhandlung oder sexuellem Mißbrauch von Kindern ist die Schweigepflicht aufgehoben.

3.4 Einsichtsrecht

Der Patient hat Anspruch auf Einsicht in die über ihn gemachten schriftlichen Aufzeichnungen. Bezüglich des Umfangs des Einsichtsrechts bei psychisch Kranken gibt es jedoch widersprüchliche höchstrichterliche Entscheidungen. So sollen laut Urteil des Bundesgerichtshofes von 1983 bei der Einsichtsgewährung auch therapeutische Aspekte und Rechte Dritter berücksichtigt werden, d.h. vor allem Inhalt von Explorationen, Fremdanamnese, Verlaufsprotokolle, differentialdiagnostische Erwägungen und persönliche, wertende und schlußfolgernde Notizen des Therapeuten. Eine vernünftige Lösung kann darin gefunden werden, dem Patient diese Aufzeichnungen kontrolliert zu übermitteln und vorzutragen, zu erläutern und zu kommentieren. Dabei hat der Arzt mögliche negative Auswirkungen zu beachten.

Gegenüber sogenannten objektiven Befunden, wie die Ergebnisse körperlicher und labortechnischer Untersuchungen, besteht hingegen volles Einsichtsrecht. Demgegenüber hat das Bundesverwaltungsgericht im Jahre 1989 für den Fall einer gesetzlichen Unterbringung entschieden, daß einem zwangseingewiesenen Patienten auch dann volle Einsicht in seine Akten gegeben werden muß, wenn die Gefahr besteht, daß er wieder krank wird, dadurch sich selbst gefährdet und erneut unterbringungsbedürftig wird. Lediglich die akute Suizidgefahr wird davon ausgeschlossen.

3.5 Sorgfaltspflicht, Behandlungsfehler

Jeder Arzt ist verpflichtet, seine Patienten mit der beruflich gebotenen Sorgfalt zu behandeln, die durch den Stand der Wissenschaft zur Zeit der Behandlung bestimmt wird. Ein Verstoß dagegen gilt als Behandlungsfehler. Abweichungen sind diskutabel, wenn die diagnostische oder therapeutische Methode noch nicht dem Standard, jedoch gesicherten Erkenntnissen entspricht und dem Patienten Vorteile bringt (Kurierfreiheit). Die wichtigen Sorgfaltspflichten sind:

- gründliche Voruntersuchung (keine Maßnahmen ohne Voruntersuchung und diagnostische Abklärung, Ferndiagnosen stellen grundsätzlich einen Behandlungsfehler dar)
- Behutsamkeit und Vorsicht (Unter gleichwertigen, belastenden diagnostischen und therapeutischen Methoden muß das sicherste, schonendste Vorgehen ausgewählt werden. Ist das Risiko gleich groß, erhält die Therapie mit der größeren Heilungschance Vorrang.)
- Primum nil nocere! (Risiko-Nutzen-Abwägung, Balance zwischen Krankheit, Behandlungsrisiko und Lebensqualität)
- Fachgrenzen einhalten (Der Vorwurf des Übernahmeverschuldens trifft zu, wenn die Hinzuziehung eines Konsiliarius oder die Überweisung in eine Klinik unterlassen wird.)
- regelmäßige Fortbildung (Grund- und Spezialwissen müssen ständig auf dem laufenden bleiben. Neue Methoden sind einzubeziehen.)
- Indikation beachten (Nicht der Wunsch des Patienten nach einem bestimmten Medikament ist maßgebend, sondern die klare Indikation.)
- Überwachung des Hilfspersonals (Eignung, Befähigung und Zuverlässigkeit der medizinischen Hilfspersonen sind kontinuierlich zu prüfen und zu überwachen.)

Ein Behandlungsfehler bedeutet eine Verletzung der Vertragspflicht gegenüber dem Patienten und erfüllt zudem den Tatbestand der Körperverletzung mit folgenden strafrechtlichen und zivilrechtlichen Konsequenzen. Vorsätzliche Behandlungsfehler werden kaum je vorkommen, jedoch solche aus Fahrlässigkeit. Der diesbezügliche strafrechtliche Vorwurf wird dem gegenüber erhoben, der die individuelle Sorgfalt außer Acht läßt, zu der gerade er in seiner Person verpflichtet und imstande ist. Zivilrechtlich liegt Fahrlässigkeit bereits vor, wenn die objektive Sorgfalt nicht eingehalten wird, die nach dem Standard der beruflichen Qualifikation zu erwarten und zu fordern ist. Häufigste Fehlleistungen im psychiatrischen Bereich sind:

- Unterlassen der gebotenen Behandlung
- nicht am Standard orientierte Therapie (bewußte Abweichung von der herkömmlichen, empfohlenen Methode in Psychiatrie und Psychotherapie; Anhänger von Alternativmethoden müssen die konkurrierenden Verfahren der Schulmedizin kennen und den Patienten darüber informieren.)
- Informationsfehler (Unterlassen von Aufklärung, klaren Medikationsanweisungen und Verhaltensmaßregeln einschließlich Hinweisen auf Wirkungen und Nebenwirkungen)
- Überbehandlung (z.B. Überschreiten der zulässigen Dosis oder Maßnahmen, deren Effekt in keinem Verhältnis zum Ist-Zustand steht)
- Davon abgesehen gibt es Fahrlässigkeiten durch allgemeinmenschliche Fehlleistungen, vor allem bedingt durch Organisationsmängel im Praxisbetrieb.

3.6 Pflichten als Vertragsarzt

Die Niederlassung als Vertragsarzt ist Ausdruck einer bewußten Entscheidung für die Freiberuflichkeit. Die damit angestrebte Freiheit ist freilich relativiert durch Regelungen des Kassenarztrechtes. Dessen normative Bestimmungen ergeben sich insbesondere aus:

- Sozialgesetzbuch (SGB) V
- Zulassungsverordnung
- Richtlinien des Bundesausschusses Ärzte/Krankenkassen
- Bundesmantelverträge
- Satzung der Kassenärztlichen Vereinigung

Nichtvertragsgerechtes Verhalten kann eine Reihe von Sanktionen nach sich ziehen, die bis zum Entzug der Zulassung führen können.

Die Disziplinarordnung der Kassenärztlichen Vereinigungen legt aber zunächst in Form der Verwarnung und des Verweises – beide können gekoppelt werden mit einer Geldbuße zwischen 250 DM und 20.000 DM – niedrigere disziplinarrechtliche Maßnahmen fest. Bei Verdacht auf Abrechnungsbetrug schaltet sich die Staatsanwaltschaft ein. Es kann hier zu einschneidenden strafrechtlichen Konsequenzen kommen, die oft auch mit einem Verlust der Approbation einhergehen. Zu allem werden die Krankenkassen immer darauf bestehen, zuviel gezahltes Honorar zurückzuerhalten.

3.7 Wirtschaftlichkeitsgebot

Bei allen diagnostischen und therapeutischen Schritten hat der Arzt das Wirtschaftlichkeitsgebot zu beachten: Die Leistungen müssen ausreichend, zweckmäßig und wirtschaftlich sein; sie dürfen das Maß des Notwendigen nicht überschreiten. Die Krankenkassen, Leistungserbringer und Versicherten haben darauf zu achten, daß die Leistungen wirksam und wirtschaftlich erbracht und nur im notwendigen Umfang in Anspruch genommen werden (§ 2, § 12 SGB V).

Dem Wirtschaftlichkeitsgebot liegt zugrunde, daß alle erbrachten Leistungen von der Solidargemeinschaft der Versicherten der gesetzlichen Krankenkassen finanziert werden und nur begrenzte finanzielle Mittel zur Verfügung stehen.

Freilich ist das Billigste nicht zwangsläufig das Wirtschaftlichste. Gerade zu Zeiten dirigistischer Sparmaßnahmen im Gesundheitssystem wird deutlich, daß kurzfristig erreichte Spareffekte langfristig zu vermehrten Ausgaben führen können.

Beim Gebot der Wirtschaftlichkeit muß sich der Vertragsarzt ständig mit den berechtigten und unberechtigten Ansprüchen der Versicherten auseinandersetzen, die das Wesen der Solidargemeinschaft oft verkennen und das, was sie eingezahlt haben, wieder „herausbekommen“ wollen.

3.8 Persönliche Leistungserbringung

Jeder an der vertragsärztlichen Versorgung teilnehmende Arzt ist verpflichtet, die vertragsärztliche Tätigkeit persönlich auszuüben.

Persönliche Leistungen sind auch ärztliche Leistungen durch genehmigte Assistenten und angestellte Ärzte, zudem auch die Hilfeleistungen hierzu qualifizierter Mitarbeiter, die der Arzt anordnet und fachlich überwacht (z.B. Injektionen, Blutabnahmen). Der Vertragsarzt haftet für die von ihm eingesetzten Assistenten, Vertreter und nichtärztlichen Hilfskräfte hinsichtlich der Erfüllung vertragsärztlicher Pflichten in gleichem Umfang wie für die eigene Tätigkeit.

Die Beschäftigung von Vertretern und Assistenten ist nur unter ganz bestimmten Voraussetzungen möglich. Vertreter müssen eine abgeschlossene Weiterbildung im selben Gebiet besitzen. Die Tätigkeit eines Vertreters muß der Kassenärztlichen Vereinigung angezeigt werden, wenn sie länger als 1 Woche dauert, und ist genehmigungspflichtig, wenn sie den Zeitraum von 3 Monaten überschreitet. Die Tätigkeit eines Assistenten bedarf immer der vorherigen Genehmigung durch die Kassenärztliche Vereinigung.

3.9 Genehmigungspflichtige Leistungen

Einige in der Gebührenordnung des EBM aufgeführte Leistungen setzen eine besondere Qualifikation voraus, die in den Richtlinien des Bundesausschusses Ärzte/Krankenkassen definiert ist. Solche Leistungen können nur von den Ärzten abgerechnet werden, die die Richtlinienqualität nachgewiesen haben. Für den nervenärztlich tätigen Arzt sind die Psychotherapierichtlinien von Bedeutung, die die Voraussetzungen zur Erbringung von Leistungen der Psychotherapie, der psychosomatischen Grundversorgung, des autogenen Trainings und der Hypnose regeln. Auch sonographische Leistungen und Röntgenleistungen sind an Richtlinienqualität gebunden (s. Kap. 7.19).

3.10 Notfalldienst, Besuchspflicht

Jeder Vertragsarzt ist verpflichtet, am organisierten ärztlichen Notfalldienst teilzunehmen, der die Versorgung an den Mittwochnachmittagen, an den Wochenenden und an den Feiertagen sicherstellt.

Der Dienstplan wird vom örtlichen Notfalldienstausschuß erstellt. Unter bestimmten Voraussetzungen – Krankheit, umfangreiche berufspolitische Tätigkeit – ist es möglich, eine Befreiung von der Teilnahme am Notfalldienst zu erreichen.

Neben dem organisierten ärztlichen Notfalldienst können zur Sicherstellung der Versorgung an den übrigen Wochentagen kollegiale Notdienste einer Fachgruppe eingerichtet werden, die den Arzt in den sprechstundenfreien Zeiten entlasten. Solche oft als Ringdienste bezeichneten Absprachen muß die Fachgruppe selbst organisieren.

Unter bestimmten Voraussetzungen ist die Einrichtung eines gebietsbezogenen (fachärztlichen) Notdienstes möglich. Die hieran teilnehmenden Ärzte sind vom allgemeinen ärztlichen Notfalldienst befreit.

Der Hausbesuch gehört vom Wesen her zur hausärztlichen Tätigkeit. Dennoch ist jeder Vertragsarzt zu Besuchsleistungen verpflichtet, insbesondere jedoch in Notfällen, und wenn er von einem anderen Arzt konsiliarisch hinzugezogen wird.

Da der Nervenarzt für eine Reihe chronisch kranker Patienten – Demenzkranke, chronisch schizophrene Patienten – quasi eine Hausarztfunktion ausübt, werden für diese Hausbesuche Bestandteil der Behandlung sein müssen.

3.11 Vertragsärztliche versus privatärztliche Leistungen

Der Vertragsarzt darf vom Patienten zu dem im EBM vereinbarten Honorar keine Zuzahlungen fordern, es sei denn, daß solche Zuzahlungen vertraglich vereinbart sind (etwa bei Heilmitteln).

Legt ein Patient keine gültige Versicherungskarte vor, kann der Arzt die erbrachten Leistungen privat in Rechnung stellen. Wenn ein Patient eine Behandlung auf eigene Kosten ausdrücklich wünscht, sollte sich der Arzt dies schriftlich bestätigen lassen.

3.12 Überweisungen, stationäre Einweisung

Auch nach Einführung der Krankenversicherungskarte, die dem Patienten grundsätzlich direkten Zugang zu jedem Vertragsarzt ermöglicht, ist das Ausstellen von Überweisungen notwendig und sinnvoll, um Informationen über Krankheit, Fragestellung und Art der gewünschten Untersuchung zu übermitteln. Eine Überweisung an einen anderen Vertragsarzt kann erfolgen zur Auftragsleistung, als Zielauftrag, zur Konsiliaruntersuchung, zur Mitbehandlung und zur Weiterbehandlung. Überweisungen an einen Vertragsarzt derselben Arztgruppe sind nur zulässig bei Inanspruchnahme besonderer Untersuchungs- und Behandlungsmethoden, die vom behandelnden Vertragsarzt selbst nicht erbracht werden, und bei Übernahme der Behandlung durch einen anderen Vertragsarzt.

Krankenhausbehandlung darf nur verordnet werden, wenn das Behandlungsziel nicht durch ambulante Behandlung einschließlich häuslicher Krankenpflege erreicht werden kann. Es gilt der Grundsatz: „So viel ambulant wie möglich". Dieses Ziel läßt sich durch eine gute Kooperation im vertragsärztlichen Versorgungssystem optimieren. Ist eine Krankenhauseinweisung unumgänglich, sollten Schwellenängste beim Patienten abgebaut werden. Dieser sollte telefonisch in der vorgesehenen Einrichtung angemeldet und mit entsprechenden Unterlagen versehen werden. Für Krankenhausbehandlung und für Kuren sieht das GSG eine Zuzahlung durch den Patienten für die ersten 14 Tage vor.

3.13 Zwangsunterbringung

Sich selbst oder andere gefährdende Patienten können auch gegen ihren Willen in einer geschlossenen Einrichtung untergebracht werden.

Die entsprechenden Modalitäten sind in den jeweiligen Landesunterbringungsgesetzen geregelt. Diese unterscheiden sich teilweise durch die vorgeschriebenen administrativen Maßnahmen, die Ausführungsbestimmungen und die Befristung der Unterbringung.

Liegt eine entsprechende, die Krankheitseinsicht aufhebende Erkrankung vor, wird über die zuständige Ordnungsbehörde die Zwangsunterbringung beim Amtsgericht beantragt, wobei bis zum Ablauf des folgenden Tages die richterliche Entscheidung erfolgen muß, wenn die Entlassung des Patienten nicht vertretbar erscheint.

Die sofortige Unterbringung kann bei entsprechendem ärztlichen Zeugnis auch ohne vorherige richterliche Entscheidung durch die Ordnungsbehörde herbeigeführt werden; jene ist aber unverzüglich nachträglich einzuholen.

Die einstweilige Unterbringung wird vom Gericht in der Regel für eine Dauer von 6 Wochen festgelegt. Die Aufhebung des Beschlusses erfolgt ebenfalls durch gerichtliche Anordnung.

Für den psychiatrischen Praktiker wichtig sind die sachlichen Voraussetzungen für den Unterbringungsantrag. Diese sind am ehesten gegeben bei akuten Psychosen und schweren Erregungszuständen, vor allem unter Drogen- und Alkoholeinfluß, insbesondere, wenn diese mit Suizidalität oder körperlicher Aggressivität einhergehen. Eine bloße Verwahrlosung erlaubt hingegen nicht eine Zwangsunterbringung. In diesem Fall sollte die Einrichtung einer gesetzlichen Betreuung in Erwägung gezogen werden.

Das ärztliche Attest hat klar und deutlich die Störung zu beschreiben, welche einerseits zu einer verminderten Krankheitseinsicht führt, andererseits die Selbst- oder Fremdgefährdung („Gefahr für die öffentliche Sicherheit und Ordnung“) begründet.

Während der Unterbringung sind ärztliche Zwangsmaßnahmen zur Heilung und Gefahrenabwehr erlaubt, insbesondere die körperliche Untersuchung, Maßnahmen zur Ernährung und gesundheitlichen Betreuung, Verabreichen von beruhigenden Medikamenten und die mechanische Fixierung.

Abgesehen hiervon kann im Zusammenhang mit einer Straftat (§ 126a StPO) oder einem Strafverfahren (§§ 81 StPO u. 73 JGG) eine Zwangsunterbringung in einem psychiatrischen Krankenhaus durch das Gericht verfügt werden, ebenso Unterbringungen nach Paragraph 63 und 64 StGB im Rahmen des Maßregelvollzugs.

Zwangsunterbringung und Zwangsbehandlung sind verständlicherweise stets massive Eingriffe in die Persönlichkeitsintegrität des Betroffenen, einhergehend mit erheblichen emotionalen Belastungen für alle Beteiligten, auch den einweisenden Arzt. Sie sind daher nur als Ultima ratio der Hilfestellung anzusehen.

Zwangsunterbringungen können nicht nur durch den Nervenarzt, sondern durch jeden niedergelassenen Arzt, den Krankenhausarzt oder den Arzt im öffentlichen Gesundheitswesen veranlaßt werden. Für das ärztliche Gutachten stellt die Ordnungsbehörde Formularsätze zur Verfügung, ein formloses Attest erfüllt den Zweck aber genauso.

Der niedergelassene Nervenarzt wird sich vor allem für notwendig werdende Zwangseinweisungen der von ihm behandelten Patienten zuständig fühlen. Durch die Zwangseinweisung wird das Vertrauensverhältnis zum Patienten manchmal gestört, insgesamt jedoch nicht so häufig, wie man befürchten könnte. Offenbar hält eine vertrauensvolle langjährige therapeutische Beziehung solche Belastungen aus. Ihm fremde Patienten wird der Nervenarzt gegen ihren Willen einweisen, wenn er von einer Institution oder von einem anderen Arzt um Hilfe gebeten wird. Der Nervenarzt kann jedoch nicht für die öffentliche Sicherheit und Ordnung in seinem gesamten Versorgungsbereich verantwortlich sein. Hierzu vorgesehene Krisendienste der Städte und Kommunen haben, entgegen der ursprünglichen Erwartung, dazu geführt, daß die Zahl von Zwangsunterbringungen und stationären Behandlungen eher zugenommen hat. Hier scheint die Unerfahrenheit der in Krisendiensten tätigen Berufsgruppen mit psychiatrischen Krankheitsbildern eine Rolle zu spielen.

3.14 Verordnungen

Die von der Verordnung ausgeschlossenen Arzneimittel, z.B. Mittel gegen Erkältungskrankheiten, gegen Reisekrankheit, Abführmittel, kosmetische Mittel, Appetitzügler, sind in den Arzneimittelrichtlinien aufgelistet.

Bei der Verordnung von Arzneimitteln ist im besonderen Maße das Wirtschaftlichkeitsgebot zu beachten. Die Wirtschaftlichkeit der Verordnung wird überprüft. Verordnet ein Arzt unwirtschaftlich, muß er mit Regressen rechnen.

Bei erkennbarer Unwirtschaftlichkeit führen die meisten Kassenärztlichen Vereinigungen Beratungen durch, die darauf abzielen, das Verordnungsverhalten des Arztes regressvermeidend zu korrigieren. Zur wirtschaftlichen Verordnungsweise gehört auch, ein neu verordnetes Medikament zunächst zur Testung der Verträglichkeit in der kleinsten verfügbaren Packungsgröße (N 1) zu verordnen und bei chronischen Krankheiten die größte im Handel befindliche Packung (N 3) zu rezeptieren.

Es empfiehlt sich, besonders teure Arzneimittel für bestimmte Indikationen zu dokumentieren, um bei einer Wirtschaftlichkeitsprüfung plausible Begründungen für Überschreitungen von Durchschnittswerten vorweisen zu können.

Durch das GSG wurden Arzneimittel budgetiert, zur Zeit werden Richtgrößen vorbereitet. Für Überschreitungen wird der Arzt in Regreß genommen, dies für Leistungen, von denen er selbst in keiner Weise profitiert hat. Das GSG belegt den Patienten mit Zuzahlungen für Arzneimittel, deren Höhe von der Packungsgröße abhängt.

Unter **Heilmitteln** versteht man Fango-Packungen, Massagen, medizinische Bäder, gezielte Krankengymnastik und Ergo- und Logotherapie. Auch Heilmittel sind durch das GSG budgetiert. Der Erfolg sollte vom Arzt jeweils nach einer Verordnung von 6 Anwendungen beurteilt werden. Der Patient trägt eine Zuzahlung von etwa 10% der Kosten.

Hilfsmittel sind z.B. Rollstühle oder Gehstützen. Sie sind nicht budgetiert und werden auf dem Rezeptformular mit besonderer Kennzeichnung verordnet. Über Einzelheiten der Verordnung von Heil- und Hilfsmitteln geben die Heil- und Hilfsmittelrichtlinien Auskunft.

3.15 Bescheinigungen und Befundberichte

Nach dem Bundesmantelvertrag ist der Arzt zur kostenlosen (mittlerweile erfolgt eine kleine Vergütung) Auskunft und zur Ausstellung von Bescheinigungen, die die Krankenkassen zur Durchführung ihrer Aufgaben benötigen, verpflichtet. Hierbei geht es um folgende Auskünfte:

- Arbeitsunfähigkeitsbescheinigungen
- ausführlicher schriftlicher Kurplan
- Berichte für den medizinischen Dienst
- Maßnahmen zur stufenweisen Wiedereingliederung in das Erwerbsleben
- Anfragen zu der Zuständigkeit anderer Kostenträger
- Anfragen bei Fortbestehen der Arbeitsunfähigkeit
- Anfragen zum Zusammenhang von Arbeitsunfähigkeitszeiten
- Anfragen zum Vorliegen eines mißglückten Arbeitsversuchs

Auch andere Kostenträger fordern beim Vertragsarzt Befundberichte an, zu deren Erstellung er verpflichtet ist. Zu erwähnen sind hier die Formularsätze der Rentenversicherungsträger (BfA, LVA) zur Einleitung einer stationären Rehabilitationsmaßnahme, Anfragen von Berufsgenossenschaften zu einem Arbeitsunfall oder einer Berufskrankheit und Anfragen privater Versicherungsträger (Lebensversicherung, Unfallversicherung). Auch fordern Patienten Bescheinigungen mit verschiedenen Zielrichtungen, die natürlich privat berechnet werden können.

3.16 Arbeitsunfähigkeit, Dienstunfähigkeit

Arbeitsunfähigkeit ist gegeben, wenn jemand wegen Krankheit seine zuletzt ausgeübte Beschäftigung (oder eine ähnliche) überhaupt nicht mehr oder nicht mehr ohne erhebliche Beschwerden oder nicht mehr ohne Gefahr für seine Gesundheit und seine Arbeitskraft ausüben kann.

Ist ein Patient arbeitsunfähig, werden die Dauer der Arbeitsunfähigkeit und die zugrundeliegende Diagnose auf einem hierfür vorgesehenen Formular bescheinigt. Hierzu ist immer ein persönlicher Arzt-Patienten-Kontakt erforderlich. Die Arbeitsunfähigkeit kann nur in begründeten Ausnahmefällen bis zu 2 Tagen rückdatiert werden.

Arbeitsunfähigkeitsbescheinigungen werden für den Zeitraum der Lohnfortzahlung von 6 Wochen ausgestellt und müssen 2 Jahre aufbewahrt werden. Einen Durchschlag (ohne Diagnose) gibt der Patient bei seinem Arbeitgeber ab und informiert ihn damit über den zu erwartenden Krankheitsverlauf; einen weiteren Durchschlag bekommt die Krankenkasse, die die Notwendigkeit der Arbeitsunfähigkeit und die Indikation für Rehabilitationsmaßnahmen durch den medizinischen Dienst überprüfen lassen kann. Nach Ablauf von 6 Wochen bezieht der Patient Krankengeld durch seine Krankenkasse. Hierzu legt er etwa in Abständen von 2 bis 4 Wochen einen Auszahlungsschein vor, auf dem der Arzt die weitere Arbeitsunfähigkeit bescheinigt.

Wegen derselben Erkrankung zahlt die Krankenkasse bis zu 18 Monaten Krankengeld. Diese Zeit wird oft für rehabilitative Maßnahmen – Heilverfahren durch den Rentenversicherungsträger – genutzt, um die Arbeitsfähigkeit wieder herzustellen und die Erwerbsfähigkeit zu erhalten (s. Kap. 9.4).

Nach längerer Krankheit kann der Arzt eine stufenweise Wiedereingliederung in den Arbeitsprozeß anregen, die jedoch das Einverständnis des Arbeitgebers voraussetzt.

So kann der Patient z.B. für einen Zeitraum von 4 Wochen 4 Stunden täglich arbeiten und bezieht dann zur Hälfte Lohn/Gehalt und zur anderen Hälfte Krankengeld.

Nach dem Beamtenrecht, dem Soldaten-, Wehrpflicht- und Ersatzdienstgesetz liegt Dienstunfähigkeit vor, wenn der Beamte „infolge eines körperlichen Gebrechens oder wegen Schwäche seiner körperlichen oder geistigen Kräfte zur Erfüllung seiner Dienstpflicht dauernd unfähig ist oder infolge Erkrankung innerhalb eines Zeitraums von sechs Monaten mehr als drei Monate keinen Dienst getan hat und keine Aussicht besteht, daß er innerhalb weiterer sechs Monate wieder voll dienstfähig wird“ (§ 42 Bundesbeamtengesetz – BBG). Im Vergleich zur gesetzlichen Rentenversicherung fehlen hier besondere Leistungsgrenzen und Hinweise auf andere Berufstätigkeiten oder Berufsgruppen. Das entscheidende Kriterium ist die eingeschränkte Fähigkeit des Beamten, seine Dienstpflicht zu erfüllen (s. auch Kap. 9.4).

3.17 Schwerbehinderung

Für den chronisch Kranken ist die Anerkennung als Schwerbehinderter nach dem Schwerbehindertengesetz (SchwbG) wichtig.

Schwerbehinderte im Sinne dieses Gesetzes sind Personen mit einem Grad der Behinderung (GdB) von wenigstens 50% mit Behinderungen nicht nur vorübergehender Funktionsbeeinträchtigung, die auf einem regelwidrigen körperlichen, geistigen oder seelischen Zustand beruhen.

Während der GdB bei körperlichen Behinderungen – etwa einer Querschnittslähmung oder einer Beinamputation – leicht ersichtlich ist, ist die Einstufung psychischer Störungen komplex und bedarf eines hierin erfahrenen Gutachters des Versorgungsamtes.

Die Anerkennung eines GdB von mindestens 50% hat für den Behinderten neben einer steuerlichen Begünstigung auch präventive und rehabilitative Aspekte.

So sichert ein besonderer Kündigungsschutz den Arbeitsplatz, ein zusätzlich zum Tarifurlaub gewährter Urlaub trägt der verminderten Belastbarkeit Rechnung; schließlich ergeben sich auch Vorteile für die berufliche Rehabilitation über das Arbeitsamt, welches hier besondere Förderungsmaßnahmen vorsieht.

Den Antrag auf Schwerbehinderung stellt der Patient selbst beim zuständigen Versorgungsamt. Im Antragsformular gibt er alle Ärzte und Einrichtungen an, die ihn behandelt haben. Das Antragsformular kann beim Versorgungsamt kostenlos angefordert werden und ist auch bei den örtlichen Fürsorgestellen, den Sozialämtern und den Behindertenverbänden verfügbar.

Das Versorgungsamt bestätigt den Eingang des Antrags, fordert die behandelnden Ärzte zur Erstellung von Berichten auf und zieht Gutachten, Unterlagen von Krankenhäusern und Rehabilitationseinrichtungen sowie Krankenkassenauszüge hinzu. Die Festlegung des GdB erfolgt dann durch einen Arzt des Versorgungsamtes aufgrund der vorliegenden Unterlagen. Bewertet werden nur Funktionsbeeinträchtigungen, die länger als 6 Monate vorliegen und mindestens einen GdB von 10% ausmachen. Dabei werden einzelne Funktionsbeeinträchtigungen, die jede für sich einen bestimmten GdB bedeuten, nicht einfach addiert, sondern in ihrer Gesamtheit unter Berücksichtigung ihrer wechselseitigen Beziehungen zueinander bewertet.

Beträgt der GdB mindestens 50%, stellt das Versorgungsamt einen Schwerbehindertenausweis aus, der neben dem GdB noch Merkzeichen für bestimmte Nachteilsausgleiche enthalten kann („B" = Notwendigkeit der ständigen Begleitung mit dem Vorteil, eine Begleitperson kostenlos in öffentlichen Verkehrsmitteln mitnehmen zu können; „G" = erhebliche Gehbehinderung mit Vorteilen bei der pauschalen Benutzung öffentlicher Verkehrsmittel oder bei der Kraftfahrzeugsteuer; „H" = Hilflosigkeit; „RF" = mit Vorteilen bei der Befreiung von der Rundfunkgebührenpflicht oder für die Gebührenermäßigung beim Fernsprechhauptanschluß).

Erreicht der psychisch Kranke nur eine Behinderung von 30- bis 50%, kann er beim Arbeitsamt die Gleichstellung mit einem Schwerbehinderten beantragen. Diesem Antrag kann das Arbeitsamt nur dann entsprechen, wenn der Behinderte infolge seiner Behinderung ohne die Gleichstellung einen geeigneten Arbeitsplatz nicht erlangen oder nicht behalten kann. Dies gilt auch für einen Ausbildungsplatz.

Die Bewertung von Funktionsstörungen gemäß SchwbG erfolgt nach den „Anhaltspunkten für die ärztliche Gutachtertätigkeit im sozialen Entschädigungsrecht".

Für die Beurteilung psychischer Störungen ist neben der Art der Krankheit die damit verbundene Einschränkung der Erlebnis- und Gestaltungsfähigkeit und der sozialen Anpassung von besonderer Bedeutung.

Auf diese Defizite des psychisch Kranken sollte der Arzt in seinem Befundbericht an das Versorgungsamt besonders ausführlich eingehen (s. auch Kap. 9.4).

3.18 Konsiliartätigkeit

Die am Standort der Praxis vorhandenen Allgemeinkrankenhäuser verfügen selten über psychiatrische Abteilungen. Für neurologisch-psychiatrisch-psychotherapeutische Fragestellungen sind sie daher auf den niedergelassenen Nervenarzt angewiesen, der damit sein Praxisspektrum erweitern kann. Eine solche Konsiliartätigkeit bringt wirtschaftliche Vorteile. Daneben behält der Nervenarzt durch den Kontakt zu verschiedenen Fachabteilungen der Klinik den Bezug zur übrigen Medizin und deren Weiterentwicklung. Eine besondere Form der Konsiliartätigkeit ist die Beratung von Kliniken bei psychosomatischen Fragestellungen einschließlich der Einleitung oder Vermittlung von spezifischen Therapiemöglichkeiten.

Für die Konsiliartätigkeit kann der Arzt mit dem Krankenhausträger einen freien Vertrag abschließen, üblicherweise auf der Basis der GOÄ. Von psychiatrischen Kliniken mit Ambulanzen werden häufig Konsiliar- und Liaisondienste eingerichtet, welche die somatischen Abteilungen bedienen (s. Kap. 2.7).

3.19 Angehörigenarbeit

> Die Angehörigen psychisch Kranker tragen über viele Jahre eine mit hohen Belastungen verbundene Verantwortung, die nicht genug geschätzt werden kann.

Die Betreuung chronisch psychisch Kranker in der häuslichen Umgebung wäre ohne verläßliche und engagierte Angehörige nicht möglich. In den 70er Jahren war es Mode, gerade den engsten Angehörigen von chronisch psychisch Kranken Schuldzuweisungen bezüglich der Krankheit zu machen (z.B. sogenannte schizophrenogene Mutter). Damit machte sich die Psychiatrie gerade den zum Gegner, der Verbündeter sein muß. Hilflosigkeit und Schuldgefühle dem psychisch kranken Familienangehörigen gegenüber finden sich ohnehin häufig bei den unmittelbar Verwandten. Sie sollten Inhalt entlastender Gespräche im Verlaufe der Therapie sein.

Oft begleiten die Angehörigen den psychisch Kranken in die Sprechstunde und nehmen am Gespräch mit ihm teil. Sie überwachen die ärztlichen Verordnungen, beobachten den Krankheitsverlauf und informieren frühzeitig über akute Symptome der Erkrankung und besondere Verhaltensauffälligkeiten, die einer sofortigen Intervention bedürfen. So wird oft eine stationäre Behandlung vermieden.

Häufig schließen sich die Angehörigen psychisch Kranker zu Angehörigengruppen zusammen, die manchmal auch von psychosozialen Beratungsstellen oder psychiatrischen Krankenhäusern organisiert werden. Auch an Patientenclubs sind Angehörige beteiligt. Hier treffen sich psychisch Kranke zu gemeinsamen Veranstaltungen überwiegend gesellig-kommunikativen Charakters.

4 Diagnostik

Der Einsatz eines rationalen Therapiekonzepts setzt diagnostische Klarheit über die vorliegende Erkrankung voraus. Der mehrschrittige und -gliedrige Prozeß der Diagnosefindung soll Ordnung in die verwirrende Vielfalt von Beschwerden und klinischen Merkmalen bringen.

Die Diagnosestellung ist nicht – wie gelegentlich behauptet – eine „Etikettierung" (labeling) zum Nachteil des Patienten, sondern ein notwendiger Klärungsprozeß.

Er erstreckt sich auf Art und Ausmaß der den Patienten störenden, beeinträchtigenden oder sogar quälenden Symptome und deren Auswirkungen auf dessen gesamte Lebensqualität. Des weiteren beinhaltet er die Auseinandersetzung mit Zumutbarkeit und Ergiebigkeit weiterer diagnostischer und differentialdiagnostischer Maßnahmen. Schließlich impliziert die Diagnose prognostische Aussagen.

Die psychiatrische Diagnose stützt sich auf folgende Daten:
- aktueller psychopathologischer Befund
- körperlicher Status
- Anamnese und Verlaufsbeobachtung

Die hierzu eingesetzten Methoden sind:
- diagnostisches Gespräch (Exploration)
- Verhaltensbeobachtung
- körperliche Untersuchung
- ggf. psychometrische und apparative Zusatzuntersuchungen

Den gewonnenen Informationen kommt unterschiedliches Gewicht zu; Orientierungslinie ist die jeweilige Leitsymptomatik.

4.1 Allgemeinkörperlicher und neurologischer Status

Allgemeinkörperliche wie auch neurologische Untersuchung dienen dem Ausschluß einer organischen Ursache für die vorliegende psychische Erkrankung. Auf sie sollte nicht verzichtet werden, erst recht nicht bei der Erstuntersuchung.

Im allgemeinkörperlichen Bereich werden systematisch überprüft:
- Allgemeinzustand
- Haut und Schleimhäute
- Gliedmaßen und Skelettsystem
- Herz und Kreislauf
- innere Organe

In neurologischer Hinsicht ist die Beschaffenheit der wichtigsten zentralnervösen und peripheren Funktionsbereiche zu erfassen wie:
- Hirnnerven und Neuropsychologie
- Motorik und Trophik
- Eigen- und Fremdreflexe
- Tonus und Motilität
- Oberflächen- und Tiefensensibilität
- Koordination
- Vegetativum

Allgemeinkörperlicher wie neurologischer Befund werden schriftlich dokumentiert, wobei standardisierte Formulare die Aufzeichnung erleichtern. Suspekte, erst recht pathologische Befunde sollten nachkontrolliert werden, ehe eine aufwendige weiterführende Diagnostik veranlaßt wird. Zu beachten sind außerdem möglicherweise medikamentös bedingte Nebenwirkungen wie z.B. Bradykardie oder Herzrhythmusstörungen (unter Betarezeptorenblokkern, Kalziumantagonisten, Tranquilizern, Neuroleptika oder anderen Sedativa), extrapyramidalmotorische Störungen (unter Neuroleptika), anticholinergische und vegetative Symptome (unter Thymoleptika).

4.2 Psychischer Status

Die psychopathologische Befunderhebung bedient sich sowohl der sprachlichen Verständigung (digitale Kommunikation) wie auch der Beobachtung von Gestik, Mimik und Phonetik des Patienten (analoge Kommunikation). Das Untersuchungsgespräch erfolgt in freier Form und muß selbstverständlich von Interesse, Empathie, Verständnis und Geduld geprägt sein. Zweckmäßigerweise setzt es an bei den Hauptbeschwerden des Patienten.

Es muß die gesunden, gerade für Therapie und Rehabilitation bedeutsamen Anteile des Patienten ebenso erfassen wie dessen Copingressourcen. Schließlich sollte es Raum für dessen Fragen lassen.

Exploration, Verhaltensbeobachtung und ggf. Fremdbeurteilung des Patienten richten sich auf die Qualität der einzelnen psychischen Elementarfunktionen wie:

- Bewußtseinslage
- Aufmerksamkeit
- Orientiertheit
- Konzentrationsvermögen
- Kontaktverhalten
- Eigen- und Fremdantrieb
- Psychomotorik
- Sprache und Sprechweise
- Selbstkontrolle und Steuerung
- Denkabläufe
- Denkinhalte
- intellektuelle Kapazität
- neuropsychologische Leistungen (s. a. neurologischer Status)
- mnestische Funktionen
- Gestimmtheit und Affekt
- affektive Resonanz
- Empfindung und Wahrnehmung
- Leibgefühle
- Ich-Erleben
- Selbst- und Fremdwertgefühle

Wichtig ist darüber hinaus der Gesamteindruck der Persönlichkeit einschließlich Temperament, Charakterstruktur, Einstellung, Motivation und Wertmaßstäben, Sexualität, Krankheitseinsicht, Sozialverhalten und sozialer Kompetenz.

Abweichungen von der Bandbreite normalen menschlichen Erlebens und Verhaltens sind in quantitativer wie qualitativer Hinsicht übersichtlich gegliedert festzuhalten. Ton- oder Videoaufzeichnungen sind nur mit Erlaubnis des Patienten anzufertigen.

Der aktuelle psychopathologische Befund soll sowohl die einzelnen Besonderheiten und krankhaften Abweichungen beschreiben wie auch ein Gesamtbild der Person vermitteln.

Am einfachsten ist, über die äußere Erscheinung, Aufmachung, Kleidung, Frisur und Haltung und über Psychomotorik, Verhaltensweisen, insbesondere auch Sprache und Sprechen zu einer Benennung der innerseelischen Erscheinung zu gelangen, soweit sie auf Befragen mitgeteilt werden oder vermutet werden kann. Oft nicht spontan mitgeteilt werden aggressive oder suizidale Impulse, Wahrnehmungstäuschungen und Wahnvorstellungen sowie Neigungen, die gesellschaftlich mißbilligt werden.

Der Untersucher muß sich über mögliche Beurteilungsverfälschungen, z.B. durch mangelnde Erfahrung oder Gegenübertragungsvorgänge, soweit im klaren sein, daß er seine Befunde entsprechend kritisch bewertet und im Zweifelsfall mehrfach überprüft. Bei anhaltenden diagnostischen (wie auch therapeutischen Schwierigkeiten) ist eine Fallvorstellung in der Supervisions- oder Balint-Gruppe angezeigt (s. auch Kap. 1.11).

4.3 Anamnese und Biographie

Die Anamneseerhebung beginnt in der Regel bei den **aktuellen Beschwerden** und deren Vorläufern bzw. Entwicklung (spezielle Anamnese) und weitet sich sodann aus auf anderweitige frühere Erkrankungen (weitere Anamnese) einschließlich solcher der Familie (Familienanamnese).

Die **spezielle Anamnese** erstreckt sich auf Symptome und Beginn der jetzigen Erkrankung, insbesondere Veränderungen im Bereich von Stimmung, Antrieb, kognitiven Leistungen, Empfindungen und Wahrnehmungen, sozialen Beziehungen und körperlichen Funktionen. Einzubeziehen ist eine Einschätzung der bisherigen Behandlung.

Die **Familienanamnese** enthält Fragen nach Alter, Beruf und Erkrankungen der Eltern und Geschwister, insbesondere nach psychischen Auffälligkeiten und psychiatrischen Auffälligkeiten und psychiatrischen oder psychotherapeutischen Behandlungen.

Meistens sind mehrere Sprechstunden erforderlich, um die gesamte relevante Krankheitsgeschichte zu erfragen, zu erfassen und zu verstehen, insbesondere wenn die **biographische Anamnese (Sozialanamnese)** erhoben wird. Diese ausführliche Erhebung der Lebens- und Sozialgeschichte des Patienten nimmt den größten zeitlichen Raum der psychopathologischen Diagnostik ein. Sie richtet sich auf die Klärung von Zusammenhängen zwischen Lebensgeschichte und Erkrankung, insbesondere deren Pathogenese und Verlauf. Exploriert werden:

- Atmosphäre und Milieu der Kindheit und frühen Entwicklung
- soziale Herkunft und berufliche Verhältnisse der Eltern und Geschwister
- Schulbesuche
- eigene Berufswahl und berufliche Entwicklung
- Freundschaften und Partnerschaften
- private und berufliche Belastungen
- Sozialkontakte
- wirtschaftliche Verhältnisse
- Wohn- und Lebensraum
- weitere Lebensplanung und Lebensperspektive

Die Sozialanamnese schließt mit einer Erfassung der aktuellen Lebenssituation einschließlich möglicherweise krankheitsrelevanter Faktoren aus dem Bereich zwischenmenschlicher Beziehungen und beruflicher wie leistungsorientierter Ambitionen. Von Nutzen ist die Einbeziehung eines vom Patienten selbst verfaßten Lebenslaufes. Die umfassende biographische Anamnese ist Voraussetzung für eine tiefenpsychologisch orientierte oder psychoanalytische Behandlung (neurosenpsychologische Diagnostik).

Zusätzliche fremdanamnestische Informationen durch Angehörige oder andere Bezugspersonen (**Fremdanamnese**) sind unerläßlich, wenn der Patient selbst keine, unvollständige oder offensichtlich unrichtige Angaben macht. Hierzu gehören auch ärztliche Berichte und Gutachten aus früheren Behandlungen, die – mit Einverständnis des Patienten – einzuholen sind. Ein **Familiengespräch** kann darüber hinaus Einblick in Art und Umfang der familiären Interaktionen (Familiendynamik) geben; therapeutisch ist es stets empfehlenswert, oft sogar unerläßlich (s. Kap. 6, 7 u. 8).

4.4 Katamnese, Verlaufsbeobachtung

Bei unklaren Krankheitsprozessen ermöglicht erst die Verlaufsbeobachtung einer Erkrankung über einen längeren Zeitraum (Katamnese) eine diagnostische Klärung. Außerdem lassen sich hierdurch Anhaltspunkte für die weitere Prognose gewinnen.

Die während der Sprechstunde identifizierten Beschwerden und Befunde des Patienten werden fortlaufend dokumentiert, müssen jedoch stets für eine evtl. notwendige Revision von Arbeitsdiagnose und Therapiekonzept Raum lassen. Immer mit einzubeziehen sind Art und Form der Krankheitsbewältigung (Coping), da hieran das weitere therapeutische Vorgehen justiert werden kann.

Therapie hat nicht nur zum Ziel, störende Symptome zu beseitigen, sondern gleichermaßen gesunde Anteile zu stärken und krankmachende Einflüsse fernzuhalten, insbesondere in der systematisierten Psychotherapie, die bei günstigem Verlauf zu einer durchgreifenden positiven Neuorientierung und Wandlung des Patienten führt (s. auch Kap. 7).

Außerdem sollte sie immer auch rezidivprophylaktische Aspekte einer Psychohygiene miteinbeziehen.

4.5 Verhaltensdiagnostik

Wie die biographische Anamnese Voraussetzung zur Indikationsstellung für die tiefenpsychologisch fundierte bzw. psychoanalytische Therapie ist, konstituiert die Verhaltensdiagnose die Grundlage für eine verhaltenstherapeutische Behandlung. Ziel der Verhaltensdiagnostik ist die Erfassung bestimmter Bedingungen, die zum gestörten Verhalten führen, bestimmt durch folgende Funktionskette:

- **Problem- und Situationsanalyse** (Was ist das Problem? Bei welcher Gelegenheit tritt es auf? Wie ist der Kontext des problematischen Verhaltens? Was soll sich ändern?)
- **Verhaltens- und Bedingungsanalyse** (Was passiert? Welche Gedanken entstehen? Welche Gefühle sind damit verbunden? Welche körperlichen Reaktionen treten auf? Was sind die Konsequenzen für die Verhaltensstörung?)
- **Funktionsanalyse** (Kann das Symptom direkt behoben werden? Kann es überhaupt verhaltenstherapeutisch behandelt werden? Hat es noch weitergehende Bedeutung?)

Durch Verhaltens- und Bedingungsanalyse sollen die verursachenden oder aufrechterhaltenden Faktoren bzw. die Lerngeschichte der unerwünschten Verhaltensweisen identifiziert werden mit dem Ziel, die Therapiestrategie festzulegen. Das Mittel hierzu ist das verhaltenstherapeutisch orientierte Interview, in dem möglichst genau die oben beschriebenen Variablen eruiert werden, aber auch die inzwischen entwickelten Strategien von Bewältigung und Vermeidung. Die Funktionsanalyse soll zur Klärung dessen beitragen, was zur Zeit behandelbar ist oder (vorerst) nicht.

Das verhaltensdiagnostische Interview soll umfassen:

- Problembeschreibung und -analyse
- Anamnese
- Befunderhebung, Bedingungsanalyse
- symptomverstärkende Faktoren
- Bewältigungsstrategien, Vermeidungsstrategien
- Zielanalyse, Vorstellung des Behandlungsplans

Der verhaltensdiagnostische Prozeß nimmt meist mehrere Sitzungen in Anspruch; in der abschließenden erfolgt die Vorstellung des Behandlungsplans unter Einbeziehung der vorgesehenen Verlaufs- und Erfolgskontrollen (s. auch Kap. 6).

4.6 Testpsychologische Diagnostik

Der Praxisalltag läßt umfangreichere Untersuchungen mit Testbatterien nicht zu. Diese sollten daher klinisch erfahrenen Psychologen überlassen werden, insbesondere hinsichtlich Auswertung und Interpretation der Testergebnisse. Dessen ungeachtet sind Kenntnisse über Grundlagen und Prinzipien der Psychometrie notwendig, insbesondere bezüglich Indikationsstellung und Stellenwert einzelner Testverfahren, aber auch zur Qualität und Praktikabilität einzelner Verfahren. Für einzelne Krankheitsbilder liefern sie oft wichtige diagnostische Stützen.

Zu unterscheiden sind Leistungstests, Fragebogentests (Persönlichkeitsskalen) und projektive Verfahren. Grob vereinfacht ist zu sagen, daß erstere am ehesten bei Verdacht auf hirnorganische Insuffizienz eingesetzt werden, während letztere in der neurosepsychologischen Diagnostik ihren Platz haben. Fragebögen finden meist bei affektiven und psychotischen Störungen Verwendung und ebenfalls bei Neurosen und Persönlichkeitsstörungen.

Im Praxisbetrieb lassen sich durchaus einzelne Testverfahren, insbesondere Leistungs- und Fragebogentests, durchführen, von denen folgende bekannt sein sollten:

- **Aufmerksamkeitsbelastungstest d2**
  (Testverfahren zur Ermittlung von Aufmerksamkeit und Konzentrationsvermögen bei visueller Wahrnehmung). Im Test sind – unter Zeitdruck – verschiedene Kombinationen der Buchstaben d und p zu markieren. Die Auswertung erfolgt unter quantitativen und qualitativen Gesichtspunkten. Die Beurteilung der Testleistung erfolgt anhand von Normwerten in Prozenträngen, getrennt nach Altersklassen. Die gesamte Testzeit beträgt etwa 8 Minuten.
- **Benton-Test**
  (Sprachfreier Test zur Erfassung der visuellen Merkfähigkeit). Nach 10 Sekunden Demonstration verschiedener geometrischer Figuren sollen diese vom Patienten jeweils nachgezeichnet werden. Die Auswertung erfolgt nach einem standardisierten Fehlerschema; die Normwerte sind abhängig von Lebensalter und

Intelligenzgrad. Die Untersuchungsdauer beträgt etwa 15 bis 20 Minuten.

- **Mini-Mental-Status-Test (MMST)**
  (Test zur Erfassung kognitiver Störungen bei älteren Personen). Die einfache, aber praktikable Skala besteht aus 11 Items zu Orientierung, Merkfähigkeit, Aufmerksamkeit und Zahlenverständnis, Erinnerungsfähigkeit und Sprache, Lesen, Schreiben und Praxie. Der Gesamtscore (max. 30 Pkt.) wird mit Normwerten verglichen. Die Testdurchführung erfordert ca. 5 bis 10 Minuten.
- **Syndrom-Kurz-Test (SKT)**
  (Kurztest zur Erfassung von Gedächtnis- und Aufmerksamkeitsstörungen). Der Patient muß verschiedene Gegenstände benennen und wiedererkennen bzw. reproduzieren, außerdem Symbole zählen und Zahlen lesen bzw. ordnen. Die Summe der Scores aus den 9 Subtests ergibt den Gesamtwert, der mit dem Normwert der jeweiligen Altersklasse verglichen wird. Die Testdurchführung benötigt etwa 15 Minuten.

Von den zahlreichen standardisierten **Fremd- und Selbstbeurteilungsskalen (Persönlichkeitsinventare)** zur Beurteilung des Befindens bzw. des globalen psychischen Status sollten etwa folgende bekannt sein:

- **Beschwerden-Liste**
  (B-L) (Selbstbeurteilungsskala zur Erfassung gesundheitlicher Störungen). Anhand 24 Statements hat der Patient vierfach abgestuft seine Beschwerden zu identifizieren. Der Testwert dient als grobe Orientierung über das Ausmaß subjektiver Gestörtheit allgemein. Die Testdauer liegt zwischen 1 und 5 Minuten.
- **Brief Psychiatric Rating Scale (BPRS)**
  (Globaler Fremdbeurteilungsfragebogen zu psychischen Störungen). Der Fragebogen dient der gezielten Beobachtung folgender psychopathologischer Symptomenkomplexe: Körperbezogenheit, Angst, emotionale Zurückgezogenheit, Denkstörungen, Schuldgefühle, Gespanntheit, Manieriertheit, Größenideen, Depressivität, Feindseligkeit, paranoide Ideen, Halluzinationen, Verlangsamung, Abwehr, abnorme Denkinhalte, affektive Störungen, Erregtheit und Orientierungsstörungen. Jeweils vorliegende Abweichungen werden von

„nicht vorhanden“ (1) bis „extrem stark“ (7) gewertet. Aus dem Gesamtwert kann das Ausmaß der Störung (insbesondere bei Schizophrenie) bestimmt werden. Das Interview dauert ca. 20 Minuten und kann durch eine Exploration ergänzt werden.

- **Gießen-Test (GT)**
(Fragebogen zur Ermittlung des persönlichen Selbstbildes). Der Patient soll zu insgesamt 40 Fragen bezüglich seiner inneren Verfassung und seiner Umweltbeziehungen Stellung nehmen, wobei sowohl ein „Selbstbild“ wie ein „Fremdbild“ erstellt werden kann. Die Fragen beziehen sich auf folgende sechs Modalitäten: soziale Resonanz, Dominanz, Kontrolle, Grundstimmung, Durchlässigkeit und soziale Potenz. Die Auswertung erfolgt über eine Transformation der Rohwerte in Standardwerte. Die Bearbeitungszeit beträgt etwa 20 bis 30 Minuten. Der Anwendungsbereich erstreckt sich vor allem auf psychosomatische und psychoneurotische Erkrankungen.
- **Freiburger Persönlichkeitsinventar (FPI-R)**
(Fragebogen zur Selbstbeurteilung der Persönlichkeit). Der Patient äußert sich zu insgesamt 138 offenen oder verdeckten Fragen, die sich auf folgende psychopathologische Modalitäten beziehen: Nervosität und Erregbarkeit, Aggressivität und Dominanzstreben, Depressivität und Gehemmtheit, Gelassenheit und Offenheit; zusätzlich werden die Dimensionen Extraversion/Introversion, Neurotizismus und Maskulinität/Femininität erfaßt. Die Auswertung erfolgt mittels Schablonen; die Resultate werden auf einem Profilblatt graphisch dargestellt. Die Bearbeitungszeit beträgt etwa 30 Minuten. Der Einsatz erfolgt überwiegend bei psychosomatischen und psychoneurotischen Störungen.
- **Minnesota Multiphasic Personality Inventory (MMPI)**
(Fragebogen zur Selbstbeurteilung psychischer Auffälligkeiten). Dieses Persönlichkeitsinventar umfaßt 566 Statements zur Selbstbeurteilung, die vom Patienten als „richtig“ oder „falsch“ zu kennzeichnen sind. Das individuelle Skalenprofil wird graphisch dargestellt. Die sehr lange Bearbeitungszeit von 1 bis 2 Stunden entmutigt oder ermüdet häufiger Patienten; andererseits bietet der Test ein hohes Maß an Objektivität, Gültigkeit

und Verläßlichkeit, zumal mit Hilfe von Kontrollskalen Fälschungstendenzen erfaßt werden können. Die Anwendung erstreckt sich auf psychotische wie nichtpsychotische Störungen.

Zu einzelnen Krankheitsbildern bzw. Syndromen eignen sich folgende Skalen:

- **Selbstbeurteilungs-Angstskala (SAS)** (Selbstbeurteilungsskala zur Erfassung klinisch relevanter Angstsymptome). Der Patient soll sich zu 20 angstbezogenen Statements (vierfach abgestuft) äußern, insbesondere zum Befinden während der letzten Woche vor der Untersuchung. Der Gesamtpunktwert gibt Auskunft über Ausmaß und Intensität vorliegender Angstgefühle. Die Bearbeitungszeit beträgt ca. 30 Minuten.
- **Panik- und Agoraphobie-Skala** (Fremdbeurteilungsskala und Patientenfragebogen zur Erfassung kombinierter Agoraphobie- und Panikstörung). Erfaßt werden in 10 Items Agoraphobie, Vermeidungsverhalten, antizipatorische Angst, Einschränkungen und Gesundheitssorgen sowie im Selbstbeurteilungsteil Häufigkeit, Schweregrad und Dauer von Panikanfällen, sämtlich in fünffach abgestufter Form. Der Gesamtwert erlaubt eine Beurteilung des Schweregrades einer Panik-Agoraphobie-Störung. Der Zeitaufwand beträgt etwa 10 bis 20 Minuten.
- **Hamilton-Angstskala (HAMA)** (Fremdbeurteilungsskala zur quantitativen Erfassung von Angstsymptomen). Der Patient wird nach insgesamt 14 angstbezogenen Kategorien (fünffach skaliert) beurteilt, wobei der Gesamtpunktwert als Maßstab für generalisierte, somatische und psychische Angst interpretiert wird. Die Beurteilung dauert ca. 5 bis 10 Minuten.
- **Hamilton-Depressionsskala (HAMD)** (Fremdbeurteilungsskala zur Erfassung von Depressivität). Anhand von 21 Beschreibungen werden auf einer drei- bis fünffach gestaffelten Skala Intensität und Häufigkeit depressiver Symptome bis zu einer Woche zurückbestimmt. Der Zeitaufwand für das Interview beträgt etwa 30 bis 40 Minuten.
- **Montgomery-Asberg-Depressionsskala (MADRAS)** (Fremdbeurteilungsskala zur Erfassung depressiver Symptome)

Der Patient wird hinsichtlich 10 depressionsbezogenen Items in sechsfacher Abstufung beurteilt. Der Gesamtwert soll vor allem die Schwere einer Depression erkennen lassen. Der Zeitaufwand für das Interview beträgt etwa 15 Minuten.

- **Selbstbeurteilungsdepressionsskala (SDS)**
(Selbstbeurteilungsskala zur Aufdeckung und Abschätzung depressiver Verstimmungen). Der Patient soll auf einer vierstufigen Skala Stellung zu insgesamt 20 depressionsbezogenen Statements nehmen, die sich auf sein Befinden während der letzten Woche beziehen. Der Gesamtwert gibt Auskunft über das Ausmaß einer vorliegenden Depression. Zeitlicher Aufwand ca. 5 bis 10 Minuten.
- **Beck-Test (BT)**
(Selbstbeurteilungsskala zur Erfassung kognitiver und psychologischer depressiver Symptome). Der Patient soll zu 84 Statements abgestuft Stellung nehmen. Der Gesamtwert läßt die Schwere einer Depression erkennen. Die Bearbeitung dauert ca. 20 – 30 Minuten.
- **Hamburger Zwangsinventar – Kurzform (HZi-K)**
(Selbstbeurteilungsskala zur Erfassung von Zwangsgedanken und -verhalten). Der Patient soll zu insgesamt 72 zwangsbezogenen Items zustimmend oder verneinend Stellung nehmen. Sechs Skalenrohwerte geben im Vergleich zu Normwerten Auskunft über vorliegende Zwangsideen und Zwangshandlungen. Die Testdurchführung dauert ca. 15 – 30 Minuten.
- **Münchener Alkoholismustest (MALT)**
(Kombinierter Selbst- und Fremdbeurteilungsfragebogen zur Erfassung von Alkoholismussymptomen). Dieser Test umfaßt 31 Statements, die vom Patienten oder vom Untersucher zustimmend oder ablehnend zu beantworten sind. Der Gesamtpunktwert gibt Hinweise auf das mögliche Vorliegen einer Alkoholerkrankung. Die Bearbeitungszeit beträgt etwa 40 Minuten.
- **Beurteilung der Minussymptomatik (SANS)**
(Fremdbeurteilungsskala zur Erfassung negativer Symptome bei Schizophrenie). In sechsfacher Abstufung wird der Patient anhand von 24 Fragen zu psychologischen Besonderheiten wie affektive Verflachung, Alogie, Anhedonie, Willensschwäche und Apathie sowie Aufmerksamkeitsschwächen beurteilt. Der

Gesamtwert läßt affektive Beeinträchtigungen, Denkstörungen, sprachliche Defizite, sozialen Rückzug und andere Minussymptome erkennen. Der Zeitaufwand beträgt 30 bis 40 Minuten.

- **Beurteilungsskala für geriatrische Patienten (BGP)** (Fremdbeurteilungsskala zur Erfassung funktioneller Störungen bei alten Menschen). Psychoorganische Einbußen, Pflegebedürftigkeit, soziale Kompetenz, Aggressivität und Depressivität sind anhand von 35 Kriterien als „niemals", „manchmal" oder „oft" vorhanden zu bewerten. Bearbeitungszeit ca. 5 bis 10 Minuten.

Die sog. **projektiven Verfahren,** bei denen Bilder oder anderes optisches Reizmaterial den Patienten zu Deutungen und Interpretationen anregen soll, haben den Vorteil, daß die Fragestellung für den Patienten nicht erkennbar ist und dieser sich daher unbefangen und spontan äußern kann. Nachteile bestehen einerseits in den mangelhaften Gütekriterien, andererseits im teils erheblichen Zeitaufwand. Antworten, d.h. Beschreibungen und Interpretationen des Patienten, erlauben Rückschlüsse auf dessen Persönlichkeit, insbesondere auf hintergründige Phantasien, Bedürfnisse, Motivationen und Strebungen. Das bekannteste Verfahren ist der zeitaufwendige **Rorschach-Formdeuteversuch,** der anhand von 10 Tafeln mit Bildern nach Art von Tintenklecksen durchgeführt wird.

Ebenfalls nur begrenzt für die Praxis geeignet ist der **Thematische Apperzeptions-Test (TAT),** der aus 20 unscharf und undeutlich gehaltenen Bildern mit szenischen Darstellungen besteht, zu denen der Patient jeweils eine (seine) Geschichte erzählen soll. Die Auswertung beruht teils auf einer Charakteranalyse der geschilderten Hauptfigur, teils erfolgt sie unter dem Aspekt der wiedergegebenen Phantasien und Gestimmtheiten.

Ein weiteres projektives Verfahren stellt der **Sceno-Test** dar, der mit Spielzeug arbeitet. Er findet vorzugsweise Anwendung in der Kinderdiagnostik und Familientherapie.

Die genannten Testverfahren sind im Fachbuchhandel erhältlich. Die Testzentrale des Berufsverbandes Deutscher Psychologen (BDP) verlegt über den Hogrefe-Verlag/Göttingen einen Katalog, in dem über 600 Tests von derzeit 17 verschiedenen Herstellern beschrieben sind.

4.7 Elektroenzephalographie

In der psychiatrisch-psychotherapeutischen Praxis leistet die Elektroenzephalographie bei Verdacht auf das Vorliegen hirnorganischer Funktionsstörungen – trotz der bildgebenden Verfahren – einen unverzichtbaren diagnostischen Beitrag. Über die Standardableitungen hinaus werden allerdings Aktivierungsverfahren – außer Hyperventilation – wie Schlafentzug, Photostimulation oder Brain mapping im Praxisalltag kaum eingesetzt werden können. Für die einfache Ableitung nach dem üblichen 10-/20-System (23 Oberflächenelektroden) sind etwa 15 bis 20 Minuten zu veranschlagen.

Die Interpretation und Beurteilung der Hirnstromkurve nach Frequenz, Amplituden und Verlaufsform hat folgende Besonderheiten zu berücksichtigen:

Grundsätzlich pathologisch sind Allgemeinveränderungen, Seitendifferenzen bzw. Herdbefunde und Dysrhythmien bzw. Krampfpotentiale.

Zu achten ist speziell auf:

- Frequenzzunahme mit gesteigerter frontaler Beta-Aktivität als Hinweis auf eine Einwirkung psychotroper Substanzen (z.B. Stimulanzien, Tranquilizer, Barbiturate)
- Frequenzabnahme bzw. Verlangsamung als Hinweis auf Vigilanzstörungen (z.B. bei verschiedenen Schlafstadien, Intoxikation, Hirndruck oder Enzephalitis)
- dysrhythmische Gruppen bzw. Krampfaktivitäten (z.B. bei epileptischen Psychosen und im Entzug bzw. Delir)
- Seitendifferenzen bzw. Herdbefunde (z.B. bei umschriebenen, herdförmigen Prozessen, auch als Residualbefund nach umschriebenen Hirnschädigungen)
- Krampfpotentiale als Hinweis auf erhöhte Krampfaktivität (z.B. Anfallsleiden, epileptische Psychose)
- triphasische 1/Sekunde-Wellen (bei Creutzfeldt-Jakob-Krankheit)
- diffuse Dysrhythmien und okzipital betonte Grundrhythmusunregelmäßigkeiten (überzufällig häufig bei Persönlichkeitsstörungen)

Für die gesamte Untersuchung, die in der Regel von einer Arzthelferin durchgeführt wird, ist etwa einschließlich Vor- und Nachbereitung eine halbe Stunde zu veranschlagen. Die Auswertung dauert in der Regel 5 bis 10 Minuten.

4.8 Indikationen zur weiterführenden Diagnostik

Jeglicher Verdacht auf das Vorliegen hirnorganischer Funktionsstörungen, begründet auf Krankheitsbild, Besonderheiten der Anamnese, Auffälligkeiten bei der körperlichen Untersuchung und der Zusatzdiagnostik, macht weiterführende apparative Untersuchungen erforderlich.

In erster Linie kommt die **kraniale Computertomographie** (cCT) in Betracht; die einfache **Röntgenuntersuchung** des Schädels hat demgegenüber weitgehend an Bedeutung verloren, ist jedoch nach wie vor bei Verdacht auf Schädigungen des knöchernen Schädels (z.B. durch Schädeltrauma) notwendig.

Der Überweisung des Patienten zur Computertomographie sollte eine entsprechende Aufklärung (s. Kap. 3) vorausgehen, auch wenn diese nochmals durch den Radiologen erfolgt, der zudem die schriftliche Einwilligung einholen muß. Die wenig belastende Tomographie gibt mit hoher Treffsicherheit verläßliche Auskunft über morphologische bzw. strukturelle Hirnveränderungen; sie dauert etwa 15 bis 20 Minuten. Zu achten ist auf folgende Befunde:

- globale Hirnatrophie mit Erweiterung der Liquorräume und Minderung der Parenchymdichte in der Rinde (z.B. bei Systematrophien, Creutzfeldt-Jakob-Krankheit)
- Atrophie frontaler Abschnitte (hauptsächlich bei M. Pick)
- Atrophie parietaler und temporaler Abschnitte (hauptsächlich bei M. Alzheimer)
- Atrophie im subkortikalen Bereich (hauptsächlich bei sog. subkortikaler Demenz, M. Parkinson und AIDS-Enzephalopathie)
- Atrophie des Nucleus caudatus (z.B. bei Chorea Huntington)
- Erweiterung der inneren Liquorräume (z.B. bei Hirndruck oder Hydrozephalus internus)
- Verschiebung der Mittellinie (z.B. bei Hirndruck, Tumoren)

- umschriebene Läsionen, Blutungsherde (z.B. bei Schädelhirntrauma, intrazerebraler Blutung)
- größere vaskuläre Insulte oder multiple, periventrikuläre lakunäre Infarkte (z.B. bei vaskulärer Demenz bzw. Multiinfarktdemenz)

Bleiben auch nach dieser Untersuchung noch diagnostische Zweifel, ist die Durchführung einer **Kernspintomographie** (Magnetresonanztomographie – MRT) in einer entsprechenden radiologischen Praxis oder Abteilung in Erwägung zu ziehen. Auch hier sollten die Patienten zuvor entsprechend aufgeklärt werden, wegen des längeren Verbleibens in der beengten Untersuchungssituation insbesondere solche mit klaustrophobischen Ängsten. Dessen ungeachtet sollten alle Krankheitsbilder, bei denen der Verdacht auf eine organische Ursache oder Mitursache der psychischen Störung besteht, zusätzlich von fachneurologischer Seite abgeklärt werden.

Die **Laboruntersuchungen** in der Praxis beschränken sich in der Regel auf Blutentnahmen oder Urinkontrollen als Screeninguntersuchungen bei Verdacht auf unklare Intoxikationen, Drogen- oder Medikamentenabhängigkeit, Kontrolle der Leberenzyme und des roten Blutbildes bei Verdacht auf Alkoholabhängigkeit. Hirnorganische Störungen und dementielle Syndrome erfordern eine Überprüfung der Risikofaktoren (Blutzucker, Lipidstatus und Harnsäure). Depressive und neurasthenische Beschwerden sollten zu einer Kontrolle der Schilddrüsenparameter und des Vitamin-B_{12}-Spiegels Anlaß geben. Serumspiegelkontrollen sind im Rahmen einer Langzeitprophylaxe mit Lithium oder Carbamazepin erforderlich (s. Kap. 5.3). Die Bestimmung des Serumspiegels von Thymoleptika oder Neuroleptika bei unbefriedigender Remission kann bislang noch nicht als zuverlässiger Indikator für eine Änderung der Medikamentenauswahl oder -dosis angesehen werden, da andere Einflußfaktoren den Krankheitsverlauf bestimmen können; sie fungiert allenfalls als Überprüfung der Compliance.

4.9 Klassifikation

Psychiatrische Klassifikation und Nosologie, d.h. die Einteilung und Beschreibung psychischer Störungen unter bestimmten, standardisierten Gesichtspunkten haben zum Ziel, die für bestimmte Diagnosegruppen bedeutsamen Merkmale zu beschreiben und zu ordnen. Sie sind Voraussetzungen für die Erforschung von Entstehungsbedingungen und -zusammenhängen psychischer Erkrankungen und bilden den Rahmen einer operationalisierbaren Diagnostik, die wiederum Grundlage der Therapiestrategie wird.

Alle bisher entwickelten Klassifikationssysteme sind allerdings insofern unzulänglich, als Psychiatrie und Psychotherapie sowohl ideographisch-verstehend wie auch nomothetisch-beschreibend vorgehen, d.h. individuelle Erlebniswelt und allgemeine Verhaltensmuster zu berücksichtigen haben, wobei jeweils Einfühlungsvermögen, Wahrnehmungsschärfe, Menschenbild und Krankheitsbegriff des Untersuchers zusätzliche Einflußgrößen darstellen.

Gängig sind zwei Klassifikationsprinzipien: zum einen eine Gruppierung der Erkrankungen nach den jeweiligen bekannten oder vermuteten Ursachen, zum anderen nach den beobachteten Phänomenen, d.h. der Psychopathologie und dem Verlauf der jeweiligen Störung. Die Einteilung nach Ätiologie und Pathogenese führte zu dem in der deutschen Psychiatrietradition gängigen sog. triadischen System, demzufolge zu unterscheiden sind:

- körperlich begründbare psychische Störungen (sowohl primär hirnorganisch begründbare wie auch symptomatische, hirnbeteiligende Erkrankungen)
- endogene Psychosen (Gruppe der Schizophrenien, Zyklothymien und der schizoaffektiven Mischpsychosen)
- seelisch bedingte Störungen (Erlebnisreaktionen, Neurosen, Persönlichkeitsstörungen, psychosomatische Erkrankungen)

Die vermeintliche Übersichtlichkeit und Klarheit dieser Klassifikation darf nicht darüber hinwegtäuschen, daß nach heutigem Kenntnisstand psychische Erkrankungen nie als Ergebnis monokausaler Prozesse zu betrachten sind, sondern multikonditional entstehen, d.h. im Zusammenspiel körperlich-konstitutioneller, neurophysiologisch-funktioneller und psychosozialer Faktoren. So kann beispielsweise eine schizophrene Psychose in Erscheinung treten vor dem Hintergrund einer erblichen Disposition bei zusätzlich vorliegender, diskreter frühkindlicher Hirnschädigung und nach stressormäßig einwirkenden Lebensumständen.

Weitere prägnante Beispiele sind die psychosomatischen Störungen, für deren Entstehung den psychischen Faktoren ein wesentlicher pathogenetischer Einfluß in wechselhaftem Ausmaß zugesprochen wird. Die „Zwischenstellung" der endogenen Störungen zwischen „exogen" einerseits und „endogen" andererseits ist wohl nur als vorläufig anzusehen, da zunehmend biologische Anlagefaktoren entdeckt wurden.

Erforschung der Entstehungsbedingungen und Verläufe psychischer Krankheiten setzt eine Klassifikation voraus, die zuverlässig, valide, überprüfbar und konsistent ist.

Um dieses Ziel zu erreichen, wurden Klassifikationssysteme entwickelt, die sich an den Forderungen nach ausreichender Sensitivität, Spezifität und Reliabilität bei Erfassung und Umsetzung von Symptomen zu Diagnosegruppen orientieren. Vor diesem Hintergrund wurden in neuerer Zeit die Diagnoseschlüssel „International Classification of Diseases" (ICD) und „Diagnostic and Statistical Manual for Psychiatric Diseases" (DSM) entwickelt, wobei die jeweils neuere Ausgabe die Schwächen vorausgegangener zu vermeiden suchte. Die bisherigen Bemühungen, die ICD-Klassifikation für die Praxis vorzuschreiben, wurden einstweilen zurückgestellt.

ICD-9

Die „Internationale Klassifikation der Krankheiten" (ICD) der WHO entstand aus einem Verzeichnis von Todesursachen, dessen 6. Revision im Jahre 1948 um eine Liste von Krankheiten und Verletzungen ergänzt und anläßlich der 7. Revision im Jahre 1955 fortgeschrieben wurde. Mit der 8. Revision der ICD wurden die Voraussetzungen für eine internationale Vereinheitlichung der psychiatrischen Nosologie erreicht; die Gliederung erfolgte bereits nach syndromatologischen Gesichtspunkten. Die 1979 eingeführte 9. Revision wurde erweitert um die Einführung einer multikategorialen Diagnostik, bei der eine Erkrankung durch mehrere Code-Nummern festgelegt wird.

Für den Bereich der Psychiatrie verbindlich ist das Kapitel V, das in der 1980 übersetzten deutschen Fassung nach folgenden Hauptgruppen gegliedert ist:

Psychosen (Code-Nr. 290 – 299)
organische Psychosen

290.0 – 290.9	Demenzen
291.0 – 291.9	Alkoholpsychosen einschl. pathologischem Rausch und Korsakow-Syndrom
292.0 – 292.9	Drogenpsychosen einschl. Entzugssymptomatik
293.0 – 293.9	passagere organische Psychosen
294.0 – 294.9	chronische organische Psychosen

andere Psychosen

295.0 – 295.9	Schizophrenien einschl. schizoaffektiver Psychosen
296.0 – 296.9	affektive Psychosen
297.0 – 297.9	nichtschizophrene paranoide Syndrome (Paranoia, Paraphrenie oder induzierte Psychose)
298.0 – 298.9	reaktive Psychosen einschl. reaktiver Verwirrtheit
299.0 – 299.9	Psychosen des Kindesalters einschl. Autismus

Neurosen und Persönlichkeitsstörungen (Code-Nr. 300 – 316)

300.0 – 300.9	Neurosen, Phobien wie auch Neurasthenie
301.0 – 301.9	Persönlichkeitsstörungen
302.0 – 302.9	sexuelle Deviationen und Funktionsstörungen
303.0 – 303.9	Alkoholabhängigkeit
304.0 – 304.9	Medikamenten- und Drogenabhängigkeit
305.0 – 305.9	Mißbrauch von Alkohol, Drogen und Medikamenten
306.0 – 306.9	funktionelle Körperstörungen
307.0 – 307.9	weitere Funktionsstörungen (Stottern, Tics, Stereotypien, Schlafstörungen, Enuresis und Eßstörungen)

308.0 – 308.9	akute Belastungsreaktionen mit emotionalen, Bewußtseins- oder psychomotorischen Störungen
309.0 – 309.9	Anpassungsstörungen als Form länger anhaltender Belastungsreaktionen
310.0 – 310.9	spezifische, nichtpsychotische Störungen nach Hirnschädigungen (Persönlichkeitsveränderungen, hirnorganische Wesensänderung oder Hirnleistungsschwäche)

Weitere Diagnoseschlüssel

311	anderweitig nicht klassifizierbare depressive Zustandsbilder
312.0 – 312.9	Störungen des Sozialverhaltens einschl. Delinquenz
313	Störungen des Kindes- und Jugendalters
316	psychosomatische Erkrankungen im engeren Sinne, zusätzlich mit der Diagnose des jeweiligen somatischen Fachgebiets
317 – 319	Minderbegabung und Oligophrenien

ICD-10

Für den Praxisbereich sollte ursprünglich die 1991 eingeführte ICD-10 verbindlich werden, die teilweise an Operationalisierungsstrategien des weiter unten beschriebenen DSM-III anknüpft, d.h. an einer stärkeren Operationalisierung der Kriterien für die Erstellung einer Diagnose. Somit ist sie orientiert an phänomenologischen Merkmalen, Verlaufs- und Zeitkriterien und hat – ebenso wie DSM-III und DSM-IV, zu denen sie in gewissem Umfang kompatibel ist – einen multiaxialen Ansatz.

Dies bedeutet beispielsweise, daß für die Diagnose einer Schizophrenie entweder ein eindeutiges Symptom oder aber mehrere, weniger eindeutige Symptome notwendig sind, die zudem mindestens über einen Monat oder länger vorgelegen haben müssen. Symptome von weniger als einem Monat Dauer werden anderweitig eingeordnet, beispielsweise als schizophreniforme psychotische Störung. Im

Gegensatz zur ICD-9 wird auf Begriffe wie „Neurose“, „Psychose“ und „endogen“ verzichtet und statt dessen global von „Störungen“ gesprochen. Der Demenzbegriff wurde ausgeweitet. Insgesamt wird das Vorkommen von Komorbidität mehr berücksichtigt.

Gegenüber der durch vier Ziffern gekennzeichneten Klassifikation in der ICD-9 wurde für die ICD-10 eine alphanumerische Klassifikation eingeführt, die aus einem Buchstaben und mehreren Ziffern besteht; das psychiatrische Kapitel trägt den Buchstaben F und ist in zehn große Abschnitte (F 0 – F 9) eingeteilt.

Im einzelnen werden die psychischen Störungen wie folgt rubrifiziert:

F 0 Organische und symptomatische psychische Störungen

F 00.0 – F 00.2	Alzheimer-Demenz
F 01.0 – F 01.3	vaskuläre Demenz
F 02.0 – F 02.4	Demenz bei M. Pick, M. Creutzfeldt-Jacob, M. Huntington, M. Parkinson und AIDS-Enzephalopathie
F 04	organisches amnestisches Syndrom
F 05	nichtalkoholisches Delir
F 06.0 – F 06.6	hirnorganische Psychose
F 07.0 – F 07.2	Persönlichkeits- und Verhaltensstörungen aufgrund einer Hirnschädigung

F 1 Psychische und Verhaltensstörungen durch psychotrope Substanzen

F 10 – F 19	Störungen durch Alkohol, Drogen und Medikamente

F 2 Schizophrenie und schizophreniforme Störungen

F 20.0 – F 20.6	verschiedene Schizophrenieformen
F 21	schizotype Störung
F 22	anhaltende wahnhafte Störung
F 23	vorübergehende akute psychotische Störung
F 24	induzierte wahnhafte Störungen
F 25	schizoaffektive Störung

F 3 Affektive Störungen

F 30	manische Episode
F 31	bipolare affektive Störung
F 32	depressive Episode
F 33	rezidivierende depressive Störung
F 34	anhaltende affektive Störung einschl. Zyklothymia und Dysthymia

F 4 Neurotische, Belastungs- und somatoforme Störungen

F 40.0 – F 40.2	phobische Störungen
F 41.0 – F 41.2	andere Angststörungen
F 42	Zwangsstörungen
F 43.0 – F 43.2	Belastungsreaktion und Anpassungsstörung
F 44	dissoziative Störungen
F 45.0 – F 45.4	somatoforme Störungen
F 48	andere neurotische Störungen

F 5 Verhaltensauffälligkeiten mit körperlichen Funktionsstörungen

F 50.0 – F 50.5	Eßstörungen
F 51	nichtorganische Schlafstörungen
F 52.0 – F 52.7	sexuelle Funktionsstörungen
F 53	psychische Störungen im Wochenbett
F 55	Mißbrauch von Substanzen ohne Abhängigkeit

F 6 Persönlichkeits- und Verhaltensstörungen

F 60.0 – F 60.8	Persönlichkeitsstörungen
F 61	kombinierte Persönlichkeitsstörungen
F 62	andauernde, nicht hirnorganisch bedingte Persönlichkeitsänderung
F 63.0 – F 63.3	Störung der Impulskontrolle
F 64.0 – F 64.2	Störung der Geschlechtsidentität
F 65.0 – F 65.6	Störung der Sexualpräferenz
F 66.0 – F 66.2	sexuelle Entwicklungs- und Beziehungsstörungen
F 68	andere Persönlichkeits- und Verhaltensstörungen

F 7 Intelligenzminderung
F 70 – F 73 leichte bis schwerste Intelligenzminderung

F 8 Verschiedene Entwicklungsstörungen

F 9 Störungen aus dem Bereich der Kinder- und Jugendpsychiatrie

Zur sachgerechten Benutzung des ICD-10 sind Kenntnisse der diagnostischen Kriterien und Leitlinien der einzelnen Diagnosen und die Benutzung des zugehörigen Manuals erforderlich. Hilfreich ist ein alphabetisches Register, wie es durch eine entsprechende Software für die elektronische Datenverarbeitung angeboten wird; in diesem Fall wird für das entsprechende Kennwort (z.B. Agoraphobie, Belastungsreaktion oder Dermatozoenwahn) die zugehörige Kennziffer geliefert (in diesem Fall: F 40.0, F 43.0 oder F 06.0).

DSM-III-R, DSM-IV

Weniger praktikabel für den psychiatrischen Alltag, aber präziser und besser justiert ist das 1952 von der Amerikanischen Psychiatervereinigung (APA) eingeführte „Diagnostische und Statistische Manual psychischer Störungen I" (DSM-I), abgelöst von DSM-II im Jahre 1968. DSM-III erschien 1980 und war insofern ein Gewinn, als der diagnostische Prozeß transparenter und reliabler wurde. Die Revision (DSM-III-R) erschien 1987 und ist gegliedert in organische und durch psychotrope Substanzen induzierte Störungen, Schizophrenie, affektive Störungen, Angststörungen, somatoforme, dissoziative und sexuelle Störungen sowie solche der Impulskontrolle, Persönlichkeits- und Anpassungsstörungen, vorgetäuschte und Schlafstörungen. Seit 1994 ist DSM-IV eingeführt. Das multiaxiale Klassifikationssystem erlaubt eine Beschreibung in folgenden Dimensionen:

Achse 1	klinische Syndrome
Achse 2	Entwicklungsstörungen/Persönlichkeitsstörungen
Achse 3	körperliche Störungen

Achse 4	Schweregrad psychosozialer Belastungsfaktoren
Achse 5	Globalbeurteilung des psychosozialen Funktionsniveaus

Es werden operationalisierte Diagnosekriterien mit Hilfe detaillierter Merkmalsbeschreibung vorgegeben, die vorrangig Psychopathologie und Verlauf berücksichtigen, selten auch pathogenetische Faktoren. Eine Unterscheidung zwischen Psychose und Neurose wird nicht getroffen.

Zur Feststellung einer bestimmten Diagnose müssen entweder essentielle Symptome unbedingt vorliegen, oder es muß eine Mindestanzahl „weicherer" Symptome aus einer größeren Auswahl vorhanden sein. Die Reihenfolge der Diagnosen folgt in gewisser Weise dem triadischen System, jedoch ohne dessen theoretische Grundlage. Wegen der größeren Präzision erscheint das DSM-System besser für Forschung und genauere Verlaufsstudien geeignet.

Einheitlich zwischen DSM-IV einerseits und ICD-10 andererseits sind im wesentlichen Gesamtaufbau und Benennung der einzelnen Krankheitsbilder. Während sich allerdings DSM-III bzw. DSM-III-R und ICD-9 bezüglich der Kodierung weitgehend ähnlich waren, gilt dies für DSM-IV und ICD-10 nicht mehr. DSM-IV weist im großen und ganzen folgende Gliederung auf:

Gruppen-Code	**Erkrankung/Störung**
290	Demenz vom Alzheimer-Typ
291, 292	psychische Störungen durch Alkohol, Drogen und Medikamente
293, 294	hirnorganisch bedingte Störungen und hirnorganische Psychosyndrome
295	Schizophrenien und schizoaffektive Störungen
296	affektive Störungen
297, 298	paranoide Störungen; atypische und reaktive Psychosen
300	Angstsyndrome und Phobien; somatoforme und dissoziative Störungen
301	Persönlichkeitsstörungen
302	sexuelle Funktionsstörungen und Paraphilien

303	Mißbrauch von Alkohol, Drogen oder Medikamenten
304	Sucht- und Abhängigkeitserkrankung
305	Intoxikation und Mißbrauch
307	Schlafstörungen, Eßstörungen und psychogene Körperstörungen; funktionelle Körperstörungen
309	Anpassungsstörungen
312	Störungen der Impulskontrolle
315	Entwicklungsstörungen
317	Geistige Behinderung

Insgesamt erlauben die modernen psychiatrischen Klassifikationssysteme durch die Standardisierung diagnostischer Merkmale eine weltweite Verständigung und Vereinheitlichung bezüglich der Diagnosestellung. Die beabsichtigte Klärung wird allerdings durch das Nebeneinander der verschiedenen, dargestellten Systeme erheblich belastet, zumal gängige psychiatrische Begriffe eliminiert wurden, die bis dahin eine konnotatorische pathogenetische Bedeutung hatten, wie z.B. „endogen" oder „psychogen". Statt von „Psychose" oder „Neurose" wird allgemein von „Störung" gesprochen. Der frühere Ausdruck „manisch-depressive Erkrankung" ist durch „affektive Störungen" ersetzt worden. Unklar ist, was genau eine Episode der „Major depression" ausmacht. Unter „Zyklothymia" wird – im Gegensatz zur traditionellen Psychiatrie – die (stimmungslabile) Persönlichkeitsstörung verstanden, unter „Dysthymia" die depressive Neurose bzw. neurotische Depression. „Hysterisch" wurde durch „dissoziativ" ersetzt. Unterschieden wird zwischen schizophrenen und schizophreniformen Psychosen einerseits und reaktiven Psychosen andererseits.

Eine besondere Rolle spielt das Zeitkriterium insofern, als eine Diagnose erst gestellt werden darf, wenn bestimmte Symptome über einen bestimmten Zeitraum hindurch bestanden haben (z.B. floride psychotische Symptome mindestens eine Woche lang als Kriterium für eine Schizophrenie, mindestens einen Monat lang Wahnideen als Zeichen einer wahnhaften Störung oder mindestens zwei Wochen lang depressive Zeichen als Hinweis auf eine Major Depression). Für den Praxisalltag stellt dies eine zu schematische und daher unrealistische Krankheitsbewertung dar.

4.10 Epidemiologie

Epidemiologische Untersuchungen ermöglichen eine Übersicht über Vorkommen und Verbreitung von Erkrankungen. Sie haben vor allem sozioökonomische und gesundheitspolitische Bedeutung. Für viele Erkrankungen lassen sich in gewissem Umfang Häufigkeit und Erkrankungswahrscheinlichkeit innerhalb eines repräsentativen Bevölkerungsquerschnittes feststellen.

Zu unterscheiden sind:
- **Morbiditätsrisiko** (Krankheitserwartung/Wahrscheinlichkeit, im Laufe des Lebens krank zu werden)
- **Risikofaktoren** (besondere krankheitsverursachende oder -verstärkende Einwirkungen)
- **Inzidenz** (Neuerkrankungsziffer in einem bestimmten Zeitraum)
- **Prävalenz** (Häufigkeit der Krankheitsfälle an einem bestimmten Stichtag)
- **Verlaufsforschung** (Longitudinaluntersuchungen zum Krankheitsverlauf)
- **Life-event-Forschung** (Erforschung besonderer Ereignisse des Lebenslaufes)

Bisher durchgeführte Feldstudien und andere Untersuchungen im Hinblick auf psychische Erkrankungen erlauben global folgende Feststellungen:

Rund ein Viertel der Erwachsenenbevölkerung erkrankt im Laufe eines Jahres an einer behandlungsbedürftigen psychischen Erkrankung. Nur 2 – 3% davon werden fachpsychiatrisch behandelt, die überwiegende Mehrzahl vom Hausarzt.

Dieser betreut überwiegend neurotisch und psychosomatisch Erkrankte. In die stationäre Behandlung gelangen am ehesten Patienten mit Alkoholismus bzw. Abhängigkeitserkrankung, floriden Psychosen und schwerer Demenz, die übrigen werden ambulant behandelt.

Insgesamt werden im Vergleich zu früheren Studien in neuerer Zeit sehr viel höhere Morbiditätsziffern psychischer Erkrankungen gefunden. Dies ist jedoch mit großer Wahrscheinlichkeit darauf zurückzuführen, daß nicht die Erkrankungen häufiger geworden sind, sondern Diagnostik und Therapie genauer und differenzierter.

Es ist davon auszugehen, daß in Deutschland im Bereich der gesetzlichen Krankenversicherung jährlich mindestens zwei Millionen Krankschreibungen wegen psychischer Störungen erfolgen. Der damit attestierten Arbeitsunfähigkeit liegen größtenteils neurotische und Anpassungsstörungen zugrunde, gefolgt von Psychosen, Abhängigkeitserkrankungen und funktionellen Störungen. Die zeitlich längsten Krankschreibungen werden wegen dementiellen Erkrankungen, Persönlichkeitsstörungen und Psychosen vorgenommen.

Bezüglich der Krankheitserwartung ist von folgenden Wahrscheinlichkeiten auszugehen:

Erkrankung	**Morbidität**
Demenz	(bei 65jährigen) 3%, (bei 90jährigen) 20 – 30%
Panikerkrankung	2 – 3%
generalisierte Angststörung	2 – 3%
Phobien	10 – 20%
Zwangserkrankung	1 – 2%
Schlafstörungen	25%
Eßstörungen bei Frauen	1 – 3%
Eßstörungen bei Männern	0,1 – 0,5%
somatoforme Störungen	0,5 – 2%
sexuelle Störungen (passager)	30 – 40%
Anpassungsstörung	5 – 20%
affektive Psychosen, (1/3 bipolar, 2/3 unipolar)	1 – 2%
Schizophrenie	1%
schizoaffektive Psychosen	0,5 – 1%
Alkoholabhängigkeit	5%
Medikamentenabhängigkeit	1 – 2%
Drogenabhängigkeit	0,2%
Persönlichkeitsstörung	5 – 15%
Intelligenzstörung	5% (in schwerer Form 1%)

Die Patienten, die in die fachpsychiatrische ambulante Behandlung kommen (s. auch Kap. 2.1), leiden an:

Anpassungs- und Persönlichkeitsstörungen	23%
affektiven Psychosen	18%
psychosomatischen Störungen	15%
Anfallskrankheiten	7%
Schizophrenien	6%
Abhängigkeitserkrankungen	5%
hirnorganischen Störungen	4%
Anpassungs- und schizoaffektiven Psychosen	4%
Demenz	4%
neurologischen Erkrankungen	32%

Während die epidemiologischen Daten für psychotische und affektive Erkrankungen verhältnismäßig konstant sind, hat die Prävalenz für Demenzen in Relation zu der ständig anwachsenden Lebenserwartung zugenommen. Davon abgesehen sind immer wieder – entfacht oder verstärkt durch die Medien – trendhafte Diagnoseverschiebungen vor allem im Bereich der neurotischen (Anpassungs-) und Persönlichkeitsstörungen zu beobachten; Beispiele hierfür sind etwa die sog. Borderline-Persönlichkeitsstörung, die multiple Persönlichkeitsstörung, die Angstkrankheiten und bestimmte Typen von Abhängigkeitssyndromen wie die „Spielsucht“. Im Interesse einer sachgemäßen Aufklärung und adäquaten Behandlung des Patienten gilt es, sich immer wieder an den wissenschaftlich gesicherten Erkenntnissen zu orientieren.

5 Somatotherapie

5.1 Voraussetzungen

Der weitaus größte Teil psychisch Kranker kann ambulant behandelt werden (s. Kap. 2.1 u. Kap. 4.10). Dies bedeutet, daß in der psychiatrisch-psychotherapeutischen Praxis ein weitgefächertes Therapieregime zu führen ist, das gleichermaßen somato- und psycho- wie soziotherapeutische Maßnahmen umfaßt.

Zwar gilt die Faustregel: je mehr „psychogen", desto weniger medikamentös, jedoch sollte nicht Prinzipienreiterei betrieben werden, sondern dem Patienten pragmatisch und zügig geholfen werden.

Daß dies in vielen Fällen nicht in der beabsichtigten oder gewünschten Weise gelingt, darf keinesfalls zu therapeutischem Nihilismus verführen, im Gegenteil, entsprechende Anstrengungen sind mit um so mehr Geduld und Phantasie zu verstärken. Es sollte andererseits bei therapierefraktären, schweren Krankheitsverläufen nicht zu lange mit der stationären Einweisung gezögert werden (s. Kap. 3.12).

Unabhängig von jeder Therapieform stellt die Basis einer effektvollen Behandlung ein besonderes Vertrauensverhältnis zwischen Therapeuten und Patienten dar, dessen Grundlagen bereits während des ersten Kontaktes geschaffen werden. Hier entscheidet sich, ob der Patient die notwendige emotionale Anteilnahme, Geduld und Zuwendung erhält, ob er sich ernstgenommen, verstanden und akzeptiert fühlt.

Der Einsatz von Psychopharmaka erfordert eingehende Kenntnisse über deren Wirkprinzipien und Indikationen sowie Erfahrungen über Wirkungen und unerwünschte Nebenwirkungen. Die Hauptgruppen chemisch definierter Psychopharmaka umfassen Antidepressiva, Phasenprophylaktika, Neuroleptika, Tranquilizer und Nootropika (s. auch Anhang). Die Medikation sollte bei längerer Behandlung so praktikabel wie möglich gestaltet werden, z.B.

durch Gabe von Retard- oder Depotpräparaten. Grundsätzlich sind Monotherapien Kombinationsbehandlungen vorzuziehen; Ausnahmen sind allerdings erforderlich beim postremissiven Erschöpfungssyndrom (Minussymptomatik), bei schizoaffektiven Psychosen und wahnhaften Depressionen. Alkoholgenuß ist zu Beginn und bei höherer Dosierung stets kontraindiziert. Bei älteren Patienten genügen meist geringere Dosierungen; stets sind Interaktionen mit anderen Medikamenten (z.B. Betablocker, Antihypertensiva) zu berücksichtigen. Schlafentzug und Elektrokrampftherapie eignen sich nicht für die ambulante Behandlung.

5.2 Antidepressiva

Antidepressiva (Thymoleptika) wirken je nach Profil stimmungsaufhellend, antriebssteigernd oder anxiolytisch-dämpfend. Zu unterscheiden sind (s. auch Anhang):

- **trizyklische Antidepressiva** (Amitriptylin, Amitriptylinoxid, Clomipramin, Desimipramin, Dibenzepin, Dosulepin, Doxepin, Imipramin, Lofepramin, Melitracen, Nortriptylin, Noxiptilin, Opipramol, Trimipramin)
- **tetrazyklische Antidepressiva** (Maprotilin, Mianserin)
- **Monoaminooxidase-Hemmer** (Tranylcypromin, Moclobemid)
- **selektive Serotonin-Wiederaufnahmehemmer** (Fluvoxamin, Fluoxetin, Paroxetin, Sertralin, Citalopram)
- **selektive Serotonin-Noradrenalin-Wiederaufnahmehemmer** (Venlafaxin, Mirtazapin, Nefazodon)
- **sonstige** (Sulpirid, Trazodon, Viloxazin)
- **Phytotherapeutika** (Hypericin)

Je nach Wirkprofil lassen sich die verschiedenen Medikamente zu folgenden Gruppen zusammenfassen:

aktivierend, antriebssteigernd	Imipramin, Desimipramin Moclobemid, Nortriptylin, Tranylcypromin, Nefazodon, Sulpirid, Viloxazin
stimmungsstabilisierend, angst- und teilweise zwangslösend	Citaprolam, Clomipramin, Dibenzepin, Fluoxetin, Fluvoxamin, Imipramin, Lofepramin,

	Mirtazapin, Paroxetin, Sertralin, Venlafaxin
beruhigend-anxiolytisch	Amitriptylin und Amitriptylinoxid, Dosulepin, Doxepin, Trazodon und Trimipramin

Antidepressiva sind **kontraindiziert** während Schwangerschaft und Stillzeit (vor allem im ersten Trimenon), bei Intoxikationen oder deliranten Syndromen und bei produktiver oder latenter Schizophrenie ohne neuroleptische Basisbehandlung. Tri- und tetrazyklische Antidepressiva sollten zudem nur unter strikter Kontrolle eingesetzt werden bei Glaukom, Prostatahypertrophie, Herzrhythmusstörungen bzw. Reizleitungsveränderungen, Leber- und Nierenschädigungen sowie Anfallsleiden.

Die Einnahme tri- und – seltener und weniger ausgeprägt – tetrazyklischer Antidepressiva geht häufig mit anticholinerg bedingten **Nebenwirkungen** einher wie Mundtrockenheit, Tremor, Tachykardie, Schwitzen, Orthostase, Akkommodationsstörungen, Schwindel, Obstipation und Miktionsstörungen. Sind diese nicht im Laufe der Behandlung reversibel, ist die Medikation zu reduzieren oder umzusetzen auf ein chemisch andersartiges Antidepressivum, notfalls den Pflanzenextrakt Hypericin.

Vor allem in höheren Dosierungen können EKG-Veränderungen auftreten wie Reizleitungs- und Repolarisationsstörungen. Erforderlich sind daher häufigere EKG-Kontrollen vor allem bei AV-Block 1. und 2. Grades. Links- und Rechtsschenkelblock sowie AV-Block 3. Grades sind Kontraindikationen bezüglich des Einsatzes trizyklischer Antidepressiva. Des weiteren kann die Behandlung durch Libidoverlust, Impotenz, Gewichtszunahme und allergische Reaktionen belastet werden.

Unter den – an sich gut verträglichen – neuen selektiven Serotonin- und Serotonin-Noradrenalin-Wiederaufnahmehemmern werden hingegen häufiger Schlafstörungen, Kopfschmerz, Übelkeit, Unruhe und gastrointestinale Störungen beobachtet, ebenso unter MAO-Hemmern. Diese dürfen nicht mit anderen Antidepressiva kombiniert werden, da es zu hypertensiven Krisen oder plötzlichen Blutdruckabfällen kommen kann („Serotonin-Syndrom"). Es sollte daher eine mindestens einwöchige – bei Fluoxetin vierwöchige – Auswaschphase angesetzt werden; diese verkürzt sich bei dem reversiblen MAO-Hemmer Moclobemid auf 1 – 2 Tage.

Ansonsten gelten folgende Grundsätze:
Nach Aufklärung des Patienten und Einwilligung (s. Kap. 3.2) wird das ausgewählte Medikament in Abhängigkeit vom Wirkungsprofil einschleichend – abends beginnend – dosiert und über eine Behandlungsdauer von mindestens 2 bis 3 Wochen beibehalten, ehe die Effizienz beurteilt werden kann. Bei Ausbleiben der Besserung sollte auf ein chemisch andersartiges Antidepressivum umgestellt werden oder mit einem solchen kombiniert werden. Bei Suizidalität sind nur psychomotorisch dämpfend wirksame Medikamente oder eine Benzodiazepin-Kombination einzusetzen. Stets nur die kleinste Packungsgröße verschreiben!

Nach Erreichen der Vollremission sollte mit einem Sicherheitsüberhang von noch mindestens 4 bis 6 Monaten weiterbehandelt, dann allmählich ausschleichend die Medikation reduziert werden. Insbesondere Trizyklika wegen Reboundeffekten nie abrupt absetzen! Bei älteren Patienten reichen oft deutlich geringere Dosierungen.

Schwere Depressionen bzw. (scheinbar) therapieresistente Verläufe können auch einer ambulanten Infusionstherapie unterzogen werden, wodurch die Compliance sichergestellt wird und höhere Plasmaspiegel erreicht werden.

Vor allem in der Anfangsphase der Behandlung sollte der Patient nicht Auto fahren (s. auch Kap. 9.5). Bei Verordnung des irreversiblen MAO-Hemmers Tranylcypromin ist eine tyraminfreie Diät erforderlich, unter dem reversiblen Moclobemid hingegen nicht.

Im übrigen sind folgende Laborkontrolluntersuchungen notwendig:

Blutbild	anfangs, dann drei bis vier Monate lang 14täglich, später vierteljährlich
Puls, RR	anfangs täglich, dann drei bis vier Monate lang 14täglich, später vierteljährlich
GOT, GPT, γ-GT	anfangs, dann nach 14 Tagen, später vierteljährlich
Harnstoff, Kreatinin	anfangs, dann vierteljährlich
EKG	anfangs, dann nach 2 bis 4 Wochen, später vierteljährlich
EEG	anfangs, später vierteljährlich

Eine begleitende stützend-supportive oder kognitive Therapie ist unerläßlich (s. Kap. 6)! Bei sog. Winterdepressionen (SAD) ist eine zusätzliche Behandlung mit Licht angezeigt (s. Kap. 5.10).

5.3 Phasenprophylaxe

Lithium und **Carbamazepin** können das Wiederauftreten depressiver Episoden verhindern; rund 3/4 der Patienten sprechen auf die Prophylaxe an. Darüber hinaus eignet sich Lithium auch zur Behandlung manischer Erkrankungen (s. auch Anhang).

Eine Lithiumprophylaxe ist bei bipolaren Psychosen indiziert, wenn zwei Phasen innerhalb von vier Jahren oder insgesamt drei Phasen überhaupt aufgetreten sind, bei unipolaren Psychosen (endogene Depression) zwei Phasen innerhalb von fünf Jahren oder eine Gesamtzahl von vier Phasen. Rasch aufeinanderfolgende, therapierefraktäre Phasen (rapid cycler) sollten versuchsweise mit einer Lithium-Carbamazepin-Kombination behandelt werden; das Ausmaß unerwünschter Nebenwirkungen erhöht sich dadurch nicht.

Lithiumpräparate haben häufig **Nebenwirkungen** wie Durst, Polyurie, Tremor, Gewichtszunahme, Diarrhö, Ödeme und Übelkeit. Sie können die Entwicklung einer Struma begünstigen. In diesem Fall empfiehlt sich eine Umstellung auf Carbamazepin.

Nebenwirkungen von Carbamazepin sind Müdigkeit, Kopfschmerz, Schwindel, Sehstörungen, gastrointestinale Störungen, Herzrhythmusstörungen, Leukopenie sowie Anstieg der γ-GT.

Absolute **Kontraindikationen** für Lithium stellen Niereninsuffizienz, Schwangerschaft, hyperthyreote Struma und Herzinsuffizienz dar, für Carbamazepinpräparate schwerere Leberfunktionsstörungen und AV-Block.

Vor einer Lithiumtherapie sind folgende Untersuchungen durchzuführen und deren Ergebnisse zu beurteilen:

- körperlicher Status (einschließlich Messung von Gewicht und Halsumfang)
- EKG und EEG

- Kontrolle der Nierenfunktion
- T3-, T4- und TSH-Basalspiegelbestimmung

Nach Einstellung auf einen Lithium-Serumspiegel von 0,6 bis 0,8 mmol/l sind anfangs wöchentliche Kontrollen der Serumkonzentration durchzuführen. Zur Maniebehandlung sind höhere Werte (zwischen 1 und 1,2 mmol/l) anzustreben. Das therapeutische Fenster ist eng; spätestens ab 2,0 mmol/l treten Intoxikationssymptome auf wie grobschlägiger Tremor, Erbrechen, Diarrhö, Schwindel, Somnolenz, Durst, Polyurie, Reflexsteigerung, Ataxie und Dyskinesien. Häufigste Ursachen sind Flüssigkeits- und Kochsalzmangel durch ungenügendes Trinken, Diäten, Schwitzen, Fieber oder die gleichzeitige Einnahme von Diuretika. Eine Lithiumintoxikation macht sofortiges Absetzen des Medikaments und eine stationäre Einweisung erforderlich.
Carbamazepin sollte auf einen Serumspiegel zwischen 6 und 10 µg/ml eingestellt werden. Die Kontrollen erfolgen anfangs wöchentlich, später in monatlichen Abständen. Überdosierungserscheinungen von Carbamazepin sind Müdigkeit, Ataxie, Nystagmus, Bradykardie und Parästhesien. Ein Lithium- oder Carbamazepinpaß erleichtert die Verlaufskontrolle.

5.4 Neuroleptika

Neuroleptika wirken zentral dämpfend und antipsychotisch. Hochpotente Mittel sind stärker antipsychotisch und schwächer sedierend, bergen allerdings das Risiko erheblicher extrapyramidaler Nebenwirkungen in sich, niedrigpotente sind umgekehrt mehr sedierend und weniger antipsychotisch wirksam, haben aber geringere extrapyramidale, jedoch ausgeprägte anticholinerge Nebenwirkungen.

Zu unterscheiden sind folgende **Hauptgruppen**
(s. auch Anhang):

- **Phenothiazine** (Alimemazin, Chlorpromazin, Fluphenazin, Levomepromazin, Promazin, Promethazin, Triflupromazin, Periziazin, Prothipendyl, Sulforidazin, Thioridazin, Dixyrazin, Perazin, Perphenazin, Trifluoperazin)

- **Thioxanthene** (Chlorprothixen, Clopenthixol, Flupentixol, Zuclopenthixol)
- **Butyrophenone** (Benperidol, Bromperidol, Haloperidol, Melperon, Pipamperon, Trifluperidol)
- **Buthylpiperidine** (Fluspirilen, Pimozid)
- **Benzamide** (Amisulprid)
- **Benzioxazol** (Risperidon)
- **andere, atypische** (Clozapin, Olanzapin, Sertindol, Zotepin)

Die genannten Medikamente lassen sich bezüglich der oben erwähnten **Wirkprofile** (neuroleptische Potenz – motorische Dämpfung) wie folgt zuordnen:

hochpotente Neuroleptika	Benperidol, Bromperidol, Clozapin, Flupentixol, Fluphenazin, Fluspirilen, Haloperidol, Perphenazin, Pimozid, Risperidon und Trifluperidol
mittelpotente Neuroleptika	Olanzapin, Perazin, Amisulprid, Zotepin, Zuclopenthixol, Sertindol
schwachpotente Neuroleptika	Alimemazin, Chlorprothixen, Levomepromazin, Melperon, Pipamperon, Promazin, Promethazin, Prothipendyl, Thioridazin, Triflupromazin

Als häufigste unerwünschte **Nebenwirkungen** zeigen sich:

- vegetative Symptome (Mundtrockenheit, Schwitzen, Tachykardie, Speichelfluß)
- extrapyramidale Symptome (Frühdyskinesien mit Lid-, Zungen- und Schlundkrämpfen, Akathisie mit Sitz- und Bewegungsunruhe, Parkinsonoid mit Tremor, Rigor, Akinese und Speichelfluß, Spätdyskinesien mit Tics, mimischen Stereotypien und Schaukelbewegungen, letztere vor allem bei älteren Patienten)
- andere (Hypotonie, Amenorrhoe, Libidoverlust, Gewichtszunahme, pharmakogene Depressionen und delirante Symptome, passagere Agranulozytosen, EKG-Veränderungen, allergische Reaktionen und zerebrale Krampfanfälle)

Die frühen extrapyramidalen Nebenwirkungen können mit Biperiden (Akineton®) oder Amantadin (PK-Merz®) gemindert werden, die Akathisie mit Betarezeptorenblockern.

Eine sehr seltene, aber schwerwiegende Nebenwirkung stellt das maligne neuroleptische Syndrom (MNS) dar, das mit einer Letalität von 3 – 4% belastet ist. Dieses durch Rigor, Akinese, Fieber, Schwitzen, Tachykardie und erhöhte CK-Werte gekennzeichnete Krankheitsbild erfordert die umgehende stationäre Intensivbehandlung. Erste Maßnahmen sind Kühlung, Flüssigkeitszufuhr und Gabe von Benzodiazepinen. Differentialdiagnostisch ist das MNS schwer von der ebenfalls nur vereinzelt auftretenden perniziösen Katatonie abzugrenzen.

Kontraindikationen für die Verordnung von Neuroleptika sind im großen und ganzen dieselben wie bei trizyklischen Antidepressiva (s. oben).

Eine Sonderstellung nimmt Clozapin ein, das keine extrapyramidal-motorischen Begleitsymptome hervorruft, allerdings mit Speichelfluß einhergehen kann, obgleich es anticholinerge Eigenschaften hat. Clozapin ist wegen der eingeschränkten Indikation infolge der Gefahr einer Leukozytopenie bzw. Agranulozytose nur einzusetzen, wenn andere Therapiemöglichkeiten erfolglos ausgeschöpft wurden oder mit unvertretbaren extrapyramidalen Begleiterscheinungen einhergehen. Auch Patienten mit Spätdykinesien können auf Clozapin umgestellt werden. Dieses Medikament ist nur eingeschränkt im Handel erhältlich, bzw. die Verschreibung ist nur nach vorheriger Registrierung beim Hersteller (Fa. Wander Pharma GmbH in Nürnberg) möglich. Der Patient muß schriftlich einwilligen!

Nach Abklärung der Zielsymptomatik und Einsatz eines entsprechenden Medikamentes ist je nach Akuität der Erkrankung einschleichend – oral oder parenteral – vorzugehen. Bei ungenügender Besserung ist die Dosis (wöchentlich) zu steigern und nach Remission etwa ein halbes Jahr beizubehalten. Stets ist der Patient auf die Einschränkung seiner Fahrtauglichkeit und auf strikte Alkoholabstinenz hinzuweisen (s. auch Kap. 9.5).

Die routinemäßigen Kontrolluntersuchungen entsprechen denen unter trizyklischen Antidepressiva (s. oben). (Ausnahme: Bei Clozapin muß 18 Wochen lang wöchentlich das Blutbild kontrolliert werden, sodann 3 Monate lang 14täglich, später monatlich).

Nach einem Rezidiv sollte eine Langzeitmedikation über mindestens ein Jahr erfolgen, bei drei oder mehr Rückfällen über mehrere Jahre hinweg.

Die Erhaltungsdosis liegt bei einem Viertel bis einem Drittel der Akutdosis. Durch die Depot-Form einiger Neuroleptika wird die meist notwendige Langzeitbehandlung erleichtert. Diese Form der Rezidivprophylaxe ist bei mangelhafter Compliance infolge fehlender Krankheitseinsicht indiziert. Die Dosis sollte so niedrig wie möglich gewählt und nur sehr langsam – über Wochen bis Monate – reduziert werden.

Bei über Monate bis Jahre behandelten Patienten, insbesondere älteren oder solchen mit Hirnschädigungen, können Spätdyskinesien mit einer Wahrscheinlichkeit von 15% bis 20% auftreten, in schwererer Form bei 2% bis 3%. Sie entwickeln sich meistens innerhalb der ersten 3 Jahre. Außer Clozapin ist der Einsatz anderer Neuroleptika nicht angebracht, alternativ sind Tiaprid und evtl. Vitamin-E-Präparate zu versuchen.

5.5 Tranquilizer

Tranquilizer sind spannungs- und angstlösend, muskelrelaxierend und leicht dämpfend wirksam, in höherer Dosierung auch schlafinduzierend und antikonvulsiv. Ihr Wirkungsprofil überschneidet sich teilweise mit dem der Betarezeptorenblocker, die allerdings eher körperliche Unruhe und Angstsymptomatik beeinflussen.
Zu unterscheiden sind folgende Hauptgruppen (s. auch Anhang):

- **Benzodiazepine** (Alprazolam, Bromazepam, Camazepam, Chlordiazepoxid, Clobazam, Clotiazepam, Diazepam, Dikaliumclorazepat, Ketazolam, Lorazepam, Medazepam, Metadazepam, Nordazepam, Oxazepam, Prazepam)
- **Carbaminsäurederivate** (Guafenesin, Meprobamat, Phenprobamat)
- **Antihistaminika und andere atypische Substanzen** (Hydroxyzin, Benzoctamen, Buspiron, Opipramol)
- **Betarezeptorenblocker** (z.B. Propanolol, Metoprolol, Pindolol)
- **Phytotherapeutika** (z.B. Kavain)

Bei den Benzodiazepinen werden folgende Wirkprofile unterschieden:

leicht dämpfend	Alprazolam, Clobazam, Clotiazepam, Prazepam
mittelstark dämpfend und anxiolytisch	Bromazepam, Brotizolam, Chlordiazepoxid, Clorazepat, Lorazepam, Oxazepam
stark dämpfend bzw. schlafanstoßend	Diazepam, Flunitrazepam, Temazepam, Triazolam

Außer dem Wirkprofil ist die Beachtung der Halbwertszeiten wichtig, insbesondere hinsichtlich der ebenfalls wirksamen Metaboliten. **Kontraindikationen** – außer bei den Pflanzenpräparaten – sind Myasthenia gravis und andere neurologische Erkrankungen mit Koordinationsstörungen, Muskelschwäche und Ataxie sowie latente Suchtgefährdung.

Trotz guter Verträglichkeit sind als **Nebenwirkungen** Müdigkeit, Schwindel, Ataxie und Verlangsamung möglich, bei chronischem Gebrauch Gleichgültigkeit, Vergeßlichkeit, Dysphorie, Schlafstörungen und Kopfschmerz. Bei intravenöser Applikation ist mit Blutdruckabfall und Atemdepression zu rechnen. Bei älteren Menschen kann es auch zu paradoxen Reaktionen mit Erregtheit und Schlafstörungen kommen.

Benzodiazepine sind mit einem besonderen Abhängigkeitsrisiko verbunden. Nach Einnahme selbst kleinerer Dosen über einen Zeitraum von länger als 2 bis 3 Monaten treten nach dem Absetzen bei etwa der Hälfte der Patienten leichtere Entzugssymptome, bei einem Fünftel schwerere auf wie Angst und Unruhe, Schlafstörungen (Reboundinsomnie!), Reizbarkeit, Schwitzen, Tachykardie, Zittern und psychoseähnliche Zustände (low dose dependency). Es besteht zudem eine Kreuztoleranz mit Alkohol und Barbituraten. Protrahierte Entzugssymptome können über Wochen anhalten mit immer erneuten Rezidiven.

Benzodiazepine sollten daher nicht länger als 4 bis 6 Wochen verordnet werden, die Dosis sollte sodann schrittweise, aber konsequent vermindert werden. Patienten mit Suchtanamnese dürfen keine Benzodiazepine-Verschreibungen erhalten! Bei längerer Einnahme ist vor allem gegen Ende sehr vorsichtig und nur in kleinen Stufen zu reduzieren.

Engmaschigere Labor- oder EKG-Kontrollen sind nicht erforderlich, allerdings sind die Patienten ebenfalls auf Einschränkungen der Fahrtauglichkeit und Verkehrstüchtigkeit hinzuweisen (s. auch Kap. 9.5).

Verordnungen sind stets mit der niedrigstmöglichen Dosierung zu beginnen, Verschreibungen in kleinstmöglicher Packungsgröße. Bei Besserung der Symptome ist eine allmähliche, aber beharrliche Dosisreduktion zu versuchen. Als Alternative zu Benzodiazepinen bieten sich die genannten, chemisch andersartigen Tranquilizer, niedrigdosierte Neuroleptika oder leicht dämpfende Antidepressiva, Betarezeptorenblocker oder – bei nur leichteren Störungen – Phytopsychopharmaka wie Kavain an.

Gerade wegen der unproblematischen Handhabung sollten Tranquilizer generell nicht zur Bekämpfung von „Altersstreß" oder Befindlichkeitsstörungen eingesetzt werden, erst recht nicht als Ersatz für therapeutische Gespräche oder psychotherapeutische Behandlung.

5.6 Hypnotika

Schlafstörungen sollten grundsätzlich mit Pflanzenpräparaten oder dämpfenden Antidepressiva behandelt werden, wenn Schlafhygiene und Entspannungsübungen nicht ausreichen. Längere Halbwertszeiten können allerdings zu Hang-over-Effekten am nächsten Morgen führen. Schwachpotente, dämpfende Neuroleptika werden wegen ihrer anticholinergen (und extrapyramidalen) Nebenwirkungen oft nicht gut toleriert. Bezüglich der Benzodiazepine gelten die im vorausgegangenen Kapitel beschriebenen Einschränkungen.

Gut vertragen werden die neueren Mittel Zopiclon (Ximovan®) und Zolpidem (Stilnox®); das Abhängigkeitsrisiko kann allerdings bisher noch nicht sicher abgeschätzt werden.

Hartnäckige Einschlafstörungen können alternativ mit Chloralhydrat (Chloraldurat rot®) oder Melatoninpräparaten behandelt werden. Barbiturate, Bromide wie auch Meprobamatderivate sind nicht mehr gebräuchlich, Clomethiazol ist wegen rascher Abhängigkeitsentwicklung kontraindiziert.

5.7 Nootropika (Antidementiva)

Nootropika sollen die Hirnleistung verbessern (z.B. bei psychoorganischen Syndromen bzw. Hirnschädigungen oder dementiellen Erkrankungen). Insbesondere sollen Gedächtnis-, Konzentrations-, Lern- und Denkeinbußen gemindert werden. Trotz noch nicht genügend evaluierter Effizienz ist ein Behandlungsversuch über ca. 3 Monate gerechtfertigt; Vorrang haben jedoch Hirnleistungstrainingsformen („Hirnjogging").

Folgende Hauptgruppen sind zu unterscheiden (s. auch Anhang):

- Substanzen zur Verbesserung der **zerebralen Mikrozirkulation** (Kalziumantagonisten, Sympathikolytika und Betasympathikomimetika, Dihydroergotoxin, Nicergolin, Ginkgoflavonglykoside)
- Substanzen mit **Hirnstoffwechselaktivierung** (Piracetam, Pyritinol, Vincamin, Cinnaricin, Memantin)
- **Cholinergika** (Tacrin, Donezepil, Rivastigmin)

(Cave: Der Cholinesterasehemmer Tacrin zur Behandlung des M. Alzheimer darf wegen häufiger, teils erheblicher Nebenwirkungen nur unter eingeschränkter Indikation und strikter Kontrolle verordnet werden!)

5.8 Substitutionsbehandlung

Nachdem durch die 5. Änderung der Betäubungsmittelverordnung **Methadon** seit dem 01.02.1994 erweitert verschreibungsfähig geworden ist, können opiatabhängige Patienten („Junkies") unter bestimmten Voraussetzungen auf das Ersatzmittel umgestellt werden. Die Krankenkassen sind allerdings nur zur Kostenübernahme verpflichtet, wenn langfristig eine Entwöhnungstherapie angestrebt wird. Für die kassenärztliche Behandlung benötigt der substituierende Arzt zudem die Genehmigung nach Abs. 2.8 der NUB-Richtlinien (Neue Untersuchungs- und Behandlungs-Richtlinien) durch die kassenärztliche Vereinigung. Diese Genehmigung ist in der Regel an den Nachweis entsprechender Fortbildungsseminare geknüpft. Besteht keine Indikation nach den NUB-Richtlinien, so kann eine Kostenerstattung im Rahmen von Krankenhilfe nach § 37 des BSHG beim zuständigen Sozialamt beantragt werden. Vorzuziehen ist die halbrechts-halblinks drehende Variante (D-, L-Methadon) sowohl wegen der langen Wirkdauer von bis zu 48 Stunden wie auch aus Kostengründen. Hinsichtlich der Wirksamkeit kommt es dem L-Polamidon (Levomethadon) gleich.

Die Anfangsdosierung sollte bewußt niedrig gewählt werden (etwa 40 mg Methadon entsprechend 20 mg Polamidon); unter Beteiligung des Patienten sollte sodann die durchschnittliche Erhaltungsdosis ermittelt werden (etwa 90 mg Methadon oder 45 mg Polamidon). Im Einzelfall kann bei glaubhaften Entzugssymptomen die Umsetzung von L-Polamidon auf Methadon im Verhältnis 1:1.8 erfolgen; die Obergrenze von 2 mg D-, L-Methadon pro Kilo Körpergewicht sollte nicht überschritten werden. Die Rezepte (mit Stempel, Arztunterschrift und Telefonnummer) sind mit dem Buchstaben „S" zu kennzeichnen und dürfen nicht mehr als 3000 mg pro Rezept bescheinigen. Zweckmäßig für die Praxis ist es, Methadon für den Patienten in Flaschen aufzubewahren und die jeweils erforderliche Menge zu dosieren.

Nebenwirkungen der Substitution können Schwitzen, Übelkeit, Schlafstörungen und Libidoverlust sein. Ein großes Problem spielt die (meist dem Arzt unbekannte) Einnahme zusätzlicher Drogen oder Medikamente, vor allem von Cannabis, Benzodiazepinen und Barbituraten. Dieser „Beigebrauch" kann sehr gefährlich werden und mit tödlichen Folgen ausgehen. Regelmäßige Kontrollen von Blut und Urin sind daher unerläßlich. Wird der Zusatzkonsum trotz Ermahnung nicht eingestellt, muß die Substitution ausschleichend beendet werden.

Indikationskriterien für die Methadon-Substitutionsbehandlung sind:

- keine therapeutischen Alternativen
- mehrjährige Opiatabhängigkeit
- Mindestalter von 18 Jahren
- gemeindenaher Wohnsitz/Arbeitsplatz
- Bereitschaft zur psychosozialen Betreuung

- Bereitschaft, sich zuverlässig an die Regeln der Methadon-Therapie (tägliche Medikamentenvergabe, kein Beigebrauch) zu halten

Vor dem Behandlungsbeginn und mindestens einmal im Quartal sind weitere Labortests zu veranlassen. Begleitende sozialtherapeutische und rehabilitative Maßnahmen sind notwendig oder zumindest anzubieten, damit ein weiterer sozialer Abstieg aufgehalten oder gar rückgängig gemacht werden kann. Das eigentliche Ziel, die Drogenfreiheit, sollte nicht aus den Augen verloren und immer wieder durch Herunterdosierung in 5–10 mg-Schritten angestrebt werden.
Bei Erfüllung folgender Kriterien können die Patienten/-innen an der Substitutionstherapie teilnehmen:

- AIDS-Erkrankung
- andere körperliche Erkrankung
- Schwangerschaft
- drohende Verwahrlosung oder Kriminalität

Die Substitution mit Codein ist sehr umstritten; sie scheint gegenüber den Methadoneinsatz keine Vorteile zu bieten. Laut Gesetz darf es ab dem 1.7.1998 nicht mehr eingesetzt werden.

5.9 Antiandrogenbehandlung

Der Einsatz synthetischer Antiandrogene zur Dämpfung sexueller Übererregbarkeit kann im Einzelfall über einen längeren Zeitraum notwendig werden, vor allem dann, wenn Straftaten in Verbindung mit sexueller Aggressivität verbunden waren und andere Therapien erfolglos blieben.

Im Handel ist Cyproteronazetat (Androcur®), das zu einer Triebdämpfung führt. Dieses Medikament ist als Ergänzung zu psychotherapeutischen und verhaltenstherapeutischen Maßnahmen in Depotform einsetzbar. Die übliche Tagesdosis beträgt 100 mg. Bei der Depotform werden 14tätig 3–5 ml i.m. verabreicht. **Nebenwirkungen** sind Azoospermie mit reversibler Zeugungsunfähigkeit, Appetit- und Gewichtszunahme, Gynäkomastie, Müdigkeit und Depressivität. Die Wirkung von Alkohol kann verstärkt werden. **Kontraindikationen** sind Lebererkrankungen, Neigung zu Thrombosen, Sichelzellenanämie und schwere Depression.

5.10 Entwöhnungsbehandlung

Bei therapieresistenter Alkoholabhängigkeit kann als Ultima ratio der Einsatz von **Disulfiram** versucht werden, im Handel unter dem Namen Antabus®. Nach Genuß von Alkohol kommt es infolge einer Hemmung des Acetaldehydabbaus zu unangenehmen vegetativen Unverträglichkeitsreaktionen wie Übelkeit, Brechreiz, Tachykardie und Schwindelgefühl. Zur Langzeitbehandlung wird eine tägliche Dosis von etwa 0,2 – 0,4 g Disulfiram pro Tag angesetzt. Als Nebenwirkungen werden – vor allem anfangs – Müdigkeit, Schwindel, Kopfschmerz und Übelkeit geklagt. Kontraindikation besteht bei Diabetes, Herz-, Leber- und Nierenerkrankungen sowie Schilddrüsenüberfunktion. Die Behandlung erfordert hohe Motivation und gewissenhafte Kooperation des Patienten sowie eine begleitende straffe psychotherapeutische Stütze.

Einen anderen Ansatz impliziert die Applikation des Glutamatantagonisten **Acamprosat** (Campral®, Aotal®). Dieses Medikament vermag Trinkverlangen und Alkoholdrang (Craving) in täglichen Dosen zwischen 1200 und 2000 mg zu reduzieren. Acamprosat moduliert die Reizübertragung im glutamatergen und GABA-System. Nebenwirkungen können Diarrhöen und Libidominderung sein. Als Behandlungsdauer wird ein Jahr empfohlen. Die Abstinenzrate soll mit ca. 40% doppelt so hoch sein wie ohne Acamprosat.

Der Opiatantagonist **Naltrexon** (Nemexin®) hat sich bei der Opiatabhängigkeit nach der Entgiftung als Anticravingsubstanz bei einer täglichen Dosierung von 50 mg als wirksame Stütze der psychotherapeutischen Entwöhnungsbehandlung erwiesen. Als häufigste Nebenwirkungen wurden Übelkeit, Kopfschmerzen, Müdigkeit und Libidodämpfung beobachtet. Zur begleitenden Alkoholentwöhnung ist Naltrexon in Deutschland noch nicht zugelassen.

Bei **Nikotinabhängigkeit** kann eine schrittweise Entwöhnung durch Nikotin-Kaugummi (Nicorette®) oder Nikotinpflaster (Nicorette-Membranpflaster®, Nicotinell TTS®, Nikotinpflaster-ratiopharm®, nikofrenon®) versucht werden, neuerdings auch durch Nasenspray.

Bei nikotinhaltigem Kaugummi, das 2 bis 4 mg Nikotin enthält, können anfangs Speichelfluß, Übelkeit, Schluckauf und gastrointestinale Störungen auftreten, weswegen bei Magen- und Darmerkrankungen Vorsicht geboten ist. Nebenher darf nicht geraucht werden.

Nikotinhaltige Pflaster geben zwischen 5 und 23 mg Nikotin in 24 Stunden durch die Haut frei. Je nach Nikotinabhängigkeit erfolgt die Reduktion der Pflastergröße wochenweise. Das Pflaster muß täglich gewechselt, das Rauchen eingestellt werden. Als Nebenwirkungen können Kopfschmerz, Schwindel, Übelkeit und Tachykardie auftreten wie auch die übrigen Symptome des Nikotingenusses. Die Abstinenzrate soll bei etwa 25% nach 3 Monaten liegen, in Kombination mit Kaugummi bei etwa 35%.

Im übrigen gelten die Bedingungen der psychotherapeutischen (Entwöhnungs-)Behandlung, die sich weitgehend verhaltenstherapeutischer Verfahren bedient.

Die therapeutischen Bausteine lassen sich am besten im Rahmen von Gruppentherapien vermitteln und umfassen Information, Selbstbeobachtungs- und Selbstkontrollmethoden, Selbstbelohnungsstrategien, Entspannungstrainings, Rollenspiele und Rückfallprophylaxe.

Verhaltenstherapeutisch orientierte Behandlungen mit Hilfe eines Manuals zum Selbststudium („Bibliotherapie") scheinen jedoch zu nicht schlechteren Abstinenzquoten zu führen als verhaltenstherapeutische Gruppenbehandlungen.

5.11 Lichttherapie

Sehr geeignet für die ambulante Behandlung sog. saisonal bedingter Depressionen (SAD) ist die Lichttherapie, jedoch kann sich diese auch bei anderen, ansonsten therapierefraktären Depressionen als hilfreiche Unterstützung erweisen.

Die entsprechenden Bestrahlungsgeräte mit Fluoreszenzröhren, die tageslichtähnliche Helligkeit zwischen 2500 und 10.000 Lux abgeben, aber UV-Licht ausfiltern, sind im Fachhandel erhältlich. Das künstliche Licht ist dem Spektrum des Sonnenlichtes angepaßt und sollte eine Intensität von mindestens 2500 Lux aufweisen.

Die Behandlung umfaßt eine tägliche, am besten morgendliche, eine halbe bis eine Stunde dauernde Bestrahlung des Patienten, der – bei geöffneten Augen – mit dem Gesicht der Lichtquelle zugewendet sein soll. Diese soll nicht weiter als einen Meter entfernt sein. Ernsthafte Nebenwirkungen oder Kontraindikationen sind nicht bekannt.

6 Krisenintervention und Notfalltherapie

6.1 Grundbedingungen

Wenngleich schwere psychiatrische Notfälle aus zeitlichen wie auch organisatorischen Gründen in der Praxis nur eingeschränkt ausreichend behandelt werden können und dem Fachkrankenhaus zugewiesen werden müssen, sind erste Maßnahmen im Rahmen einer Krisenintervention von größter Bedeutung.

> Die häufigsten psychiatrischen Notfälle sind Erregungszustände, Bewußtseinsstörungen, Panikattacken, akute Suizidalität und akute katatone Syndrome.

Eine genauere diagnostische Abklärung erlaubt der Praxisalltag oft nicht, da die Ursachen unterschiedlich sind und auch im außerpsychiatrischen Bereich liegen können. Soweit wie möglich sollten dennoch orientierende körperliche Untersuchungen durchgeführt werden. Außer auf die Vitalfunktionen ist dabei zu achten auf Verletzungen oder Hämatome, Injektionsstellen und Pupillenweite. Die notwendigen ersten therapeutischen Maßnahmen sind zweigleisig: Grundsätzlich vorrangig sind Kontaktaufnahme und beruhigendes Zusprechen (Talking down). Zum anderen wird die Verabreichung von Medikamenten nicht zu umgehen sein, insbesondere bei Angst- und Erregungszuständen.

Bei verstörten, mutistischen oder stuporösen Patienten ist die Anamnese von den Begleitpersonen zu erfragen, durchaus auch in Anwesenheit des Patienten. Stets ist das Ausmaß einer eventuellen Selbstgefährdung zu erkunden. Allgemein gilt:

- sich Zeit nehmen
- Unterbrechung durch Dritte oder andere Störfaktoren ausschalten
- sich nicht provozieren lassen, auch nicht von aggressiv-erregten Patienten

- möglichst längere Diskussionen vermeiden
- diagnostische und therapeutische Schritte kurz und knapp erläutern

6.2 Erregungszustand

Erregungszustände sind unspezifischer Genese. Sie können beispielsweise bei floriden schizophrenen und manischen Psychosen, agitierter Depression, unter oder nach akuter psychischer Belastung auftreten, stets insbesondere dann, wenn Alkohol, Drogen oder Medikamente zusätzlich im Spiel waren. Ruhiges, aber sicheres Auftreten ist notwendig.

Zur medikamentösen Soforttherapie eignen sich bei Psychosen mittel- bis höherpotente Neuroleptika wie Fluphenazin, Flupentixol, Zuclopenthixol, Promazin, Levomepromazin oder Haloperidol (intramuskulär oder intravenös).

Bei nichtpsychotischer Erregtheit als Begleiterscheinung von Panikattacken, akuten Erlebnisreaktionen, posttraumatischer Belastungsstörung oder auch unklaren Erregungszuständen ist Benzodiazepinen der Vorzug zu geben (z.B. Diazepam oder Lorazepam, intramuskulär oder intravenös, alternativ Lorazepam-Expidet. Cave: Blutdruck!). Auch beim Horrortrip ist Diazepam angezeigt.

6.3 Bewußtseinsstörung

Quantitative und/oder qualitative Bewußtseinsstörungen sind Ausdruck einer hirnorganischen Störung oder einer allgemein-körperlichen, insbesondere internistischen Erkrankung einschließlich der Einwirkung durch Alkohol, Drogen oder Medikamente. Außer allgemeinen Maßnahmen einer körperlichen Notfalltherapie (Sicherstellung der Vitalfunktionen) ist der notwendige Handlungsspielraum in der Praxis meist nicht gegeben, so daß eine Krankenhauseinweisung unumgänglich wird, zumal begleitend oft Unruhe und Erregtheit auftreten. Bei komatösen Patienten ist während des Transports eine ärztliche Überwachung erforderlich. Außer bei starker Unruhe sollten keine Psychopharmaka verabreicht werden.

6.4 Verwirrtheit

Bewußtseins-, Orientierungs- und Denkstörungen sind Ursachen von Verwirrtheitszuständen, die bei organischen Psychosen einschließlich Intoxikationen (Verwirrtheit) und bei Schizophrenien sowie Manien (Verworrenheit) zu beobachten sind. Bei älteren Patienten sind (nächtliche) Orientierungsstörungen meist Ausdruck zerebraler Durchblutungsstörungen.

Vor Einweisung in die notwendige stationäre Behandlung empfiehlt sich bei begleitender Unruhe und Erregtheit infolge Verkennung der Umgebung die Gabe eines wenig dämpfenden Neuroleptikums (z.B. Haloperidol, Zuclopenthixol) in geringer Dosis.

6.5 Panikattacke

Die intensiven Angstzustände im Rahmen einer Panikerkrankung klingen – wenn sie situationsgebunden sind – je nach Auslösereiz zumeist rasch bei entsprechendem Vermeidungs- oder Fluchtverhalten ab. Scheinbar grundlos auftretende Panikattacken bzw. solche ohne begleitende Phobie führen zu größerer Hilflosigkeit und zwingen den Betroffenen oft in die Notaufnahme des nächstgelegenen Krankenhauses oder in ärztliche Praxis. Insbesondere zu Beginn der Erkrankung empfindet der Patient die ihm bis dahin fremden Angstanfälle als unmittelbare Bedrohung für Leib und Leben.

Therapeutisch vorrangig ist sachliches, beruhigendes Zureden, verbunden mit einer Aufklärung über Art und Verlauf einer Angsterkrankung. Selbstverständlich muß eine gründliche körperliche Untersuchung andere mögliche Ursachen für den Angstzustand ausgeschlossen haben, vor allem des Herz-Kreislauf-Systems, zumal ein befürchtetes Versagen dieses Funktionsbereiches im besonderen Mittelpunkt herzphobischer Angstpatienten steht.

Ein schnell wirksames Anxiolytikum vom Benzodiazepintyp wie z.B. Lorazepam-Expidet kann einen schweren Angstanfall rasch kupieren, sollte jedoch auf keinen Fall zu einer systematischen Therapie der Angstkrankheit werden. Statt dessen sind dem Patienten, der meist gut motiviert ist, die effizienten Methoden einer Verhaltenstherapie zu erläutern bzw. ihm entsprechende Angebote zu machen und ein baldiger Therapiebeginn nahezulegen.

6.6 Suizidalität

Akute Suizidalität gehört zu den häufigsten psychiatrischen Notfällen. Der Erstkontakt muß darauf abzielen, Ausmaß und Hintergrund der Lebensmüdigkeit zügig zu erkunden und abzuschätzen; der Patient muß gezielt auf Selbsttötungsabsichten und -pläne angesprochen werden. Das Suizidrisiko ist erhöht bei:

- spezifischer Vorgeschichte
- höherem Alter
- Depressivität
- Abhängigkeitserkrankung

Die Ankündigung eines Suizids ist stets ernstzunehmen, auch nach mehreren vorausgegangenen Suizidandrohungen. Zehn Prozent aller Parasuizidalen töten sich innerhalb von zehn Jahren! Suizidversuche werden häufiger von Frauen begangen, Suizide von Männern – meist bei Depression, Alkoholismus und Persönlichkeitsstörung.

Vorrangig wichtig ist die Herstellung einer tragfähigen Arzt-Patienten-Beziehung. Inquisitorische Fragen oder gar Vorhaltungen sind kontratherapeutisch. Pharmakotherapeutisch kommen am ehesten – außer bei schizophrenen Psychosen – sedierende Antidepressiva in Frage (z.B. Doxepin, Amitriptylin, Trimipramin oder Trazodon), anfangs auch in Kombination mit einem leicht sedierenden Benzodiazepin (z.B. Alprazolam, Lorazepam oder Oxazepam). Bei Kurzschlußreaktionen dürfte eine tranquilisierende Monotherapie ausreichen. Bei psychotisch bedingter Suizidalität ist der Einsatz eines mittelpotenten, dämpfenden Neuroleptikums (z.B. Promazin, Levomepromazin, Chlorprothixen, Zuclopenthixol) vorzuziehen.

Suizidversuch und Suizidalität nötigen wegen der notwendigen Observation und dichten Betreuung zu einer Einweisung in eine psychiatrische Fachklinik, vorrangig bei Vorliegen der genannten Risikofaktoren.

6.7 Delir

Die meisten Delirien beruhen auf einem Entzug von Alkohol oder einer Alkoholintoxikation. Delirien kommen aber auch unter Medikamenteneinnahme und bei allgemeinen Erkrankungen vor.

Bei begleitender Erregtheit sind – mit Vorsicht – dämpfende Neuroleptika per os einzusetzen. Leichtere, alkoholisch bedingte prädelirante Syndrome können mit Clomethiazol (Distraneurin®) in kleiner Dosis abgefangen werden. Ansonsten ist sowohl zur weiteren diagnostischen Abklärung wie auch wegen der Therapieüberwachung die stationäre Einweisung unumgänglich.

6.8 Intoxikation, Drogennotfall

Intoxikationen durch Medikamente und Drogen gehören stets in die stationäre Beobachtung, erst recht, wenn sie mit Bewußtseinsstörungen (s.o.) einhergehen.

Als Erstbehandlung von Erregung, Angst und Panik eignen sich die oben bereits erwähnten Maßnahmen; beim Horrortrip durch Rauschdrogen (Haschisch, Kokain u. Halluzinogene), Amphetamine und andere Stimulanzien ist Diazepam i. v. das Mittel der Wahl. Auch forensisch wichtig sind die Blutentnahme zur Bestimmung des Plasmaspiegels („Screening") und die Urinprobe.

Für die Behandlung entscheidend ist im übrigen die im Vordergrund stehende Symptomatik, wobei die oft bestehende Polytoxikomanie berücksichtigt werden muß.

6.9 Katatonie, Stupor

Völlige motorische Erstarrung („Versteinerung") kann auftreten bei schwerer, gehemmter Depression, katatoner Schizophrenie oder als Belastungsreaktion nach massiver akuter psychischer Traumatisierung. Differentialdiagnostisch ist das Vorliegen eines malignen neuroleptischen Syndroms zu beachten (s. Kap. 5.4). Dieses und andere katatone Syndrome mit Fieber und vegetativer Entgleisung (sog. perniziöse Katatonie) sind akute, vital bedrohliche Krankheitsbilder, die sofortige intensivmedizinische stationäre Behandlung erforderlich machen. Initial empfiehlt sich ein medikamentöser Behandlungsversuch mit Lorazepam i. v. oder in Expidet-Form.

Die neuroleptikabedingten extrapyramidalen motorischen Akinesen (und Frühdyskinesien) lassen sich rasch durch intravenöse Gabe von Biperiden (Akineton®) beheben. Im übrigen bedürfen die oben genannten Stupor- und Katatoniesyndrome der stationären Betreuung.

7 Psychotherapie, Verhaltenstherapie

7.1 Vorbemerkungen

Aus einigen hundert in der Literatur beschriebenen Psychotherapieverfahren greift die gesetzliche Krankenversicherung nur wenige heraus, deren Kosten sie übernimmt. Es sind dies zur Zeit nur die tiefenpsychologisch begründeten Verfahren und die Verhaltenstherapie einschließlich der kognitiven Ansätze. Auch die privaten Krankenversicherungsträger und die Beihilfe beschränken ihre Leistungspflicht auf diese Verfahren.

Die Handhabung von Fachpsychotherapie im Rahmen der gesetzlichen Krankenkassen ist in den Psychotherapierichtlinien festgelegt (s. Kap. 7.19). Psychotherapie ist in Deutschland seit 1967 Kassenleistung. Zunächst waren ausschließlich tiefenpsychologisch begründete Verfahren zugelassen, 1987 wurde die Verhaltenstherapie Bestandteil der Richtlinienverfahren. Gleichzeitig wurde die psychosomatische Grundversorgung als Ergänzung zur Psychotherapie eingeführt mit dem Ziel, die ärztliche Versorgung unter einer ganzheitlichen Sicht des Menschen auf eine breite Basis zu stellen.

Die von den Fachpsychotherapeuten erbrachten Leistungen schlagen mit 1% bis 2% der Ausgaben für den ambulanten Bereich nur gering zu Buche. An der fachpsychotherapeutischen Versorgung sind Ärzte und Psychologen sowie Kinder- und Jugendlichenpsychotherapeuten mit entsprechender Qualifikation beteiligt. Im September 1994 waren in den tiefenpsychologisch begründeten Verfahren 6535 ärztliche und 3222 nichtärztliche Psychotherapeuten (darunter 1157 Kinder- und Jugendlichenpsychotherapeuten) tätig. Verhaltenstherapie wurde von 1063 ärztlichen Psychotherapeuten und von 3072 psychologischen Psychotherapeuten ausgeführt.

Im Jahre 1993 wurden insgesamt 101.392 Fälle tiefenpsychologisch fundiert und 31.194 Fälle mit analytischer Psychotherapie behandelt. In der Verhaltenstherapie finden sich im selben Jahr 75.381 Fälle.

Der weitaus größte Teil der psychisch Kranken wird mit der sogenannten kleinen Psychotherapie von den hausärztlich tätigen Ärzten, den Nervenärzten, Psychiatern und von den Ärzten versorgt, die an der psychosomatischen Grundversorgung teilnehmen.

Neben unspezifischen Wirkfaktoren wie Erkennen und Aktivieren der Ressourcen des Patienten, Mobilisieren von Zuversicht, Hoffnung und Veränderungsbereitschaft, Aufnahme einer emotional bedeutsamen Beziehung, Herstellen eines Erklärungsmodells für die Probleme des Patienten sowie Auftauen verfestigter Erlebens- und Verhaltensmuster hat die neuere Psychotherapieforschung spezifische Wirkfaktoren herausgearbeitet, die methodenübergreifend gesehen werden:

- Problemaktualisierung (Prinzip der realen Erfahrung): Was verändert werden soll, soll in der Therapie real erlebt werden. Beispiele: Konfrontationsverfahren bei Ängsten, Familiensetting bei Familienproblemen, Psychodrama bei problematischen Beziehungskonstellationen
- aktive Hilfe zur Problembewältigung, Beispiele: Selbstsicherheitstraining mit gehemmten unsicheren Patienten, Reizkonfrontation mit Angstpatienten, Streßbewältigungstraining, Sexualtherapie nach Masters und Johnson, Entspannungsverfahren/Hypnose bei Schmerzzuständen
- therapeutische Klärung: Mit Hilfe des Therapeuten soll der Patient lernen, die Bedeutung seines Erlebens und Verhaltens in Hinblick auf bewußte und unbewußte Ziele und Werte zu klären. Hier steht der motivationale Aspekt im Vordergrund: Warum empfindet, warum verhält sich der Patient so und nicht anders? Klärungsarbeit ist Inhalt besonders der tiefenpsychologischen Verfahren, der Gesprächs- und der Gestaltpsychotherapie.

Für die Differentialindikation von spezifischer Psychotherapie ist entscheidend, ob ein Patient eher klärungs- oder eher bewältigungsmotiviert ist. Mit einem methodenübergreifenden Vorgehen sollen aber bei unterschiedlicher Schwerpunktsetzung stets beide Wege beschritten werden.

Psychotherapie und Psychopharmakotherapie sind keine einander ausschließenden Vorgehensweisen, sondern ergänzen sich im Rahmen einer Gesamtbehandlung. Psychotherapie wird oft erst nach Durchführung einer Behandlung mit Psychopharmaka möglich. Auch im Verlaufe von Psychotherapien werden manchmal medikamentöse Kriseninterventionen notwendig.

7.2 Supportiv-komplementäre Psychotherapie, therapeutisches Gespräch

Die supportiv-komplementär orientierte Vorgehensweise ist die am häufigsten angewandte Form von Psychotherapie, sie ist die gängige Art des ärztlichen Gespräches in der Praxis. Ein solches Gespräch, welches oft problemorientiert geführt wird, hat kathartisch-entlastende und ausagierend-beruhigende Funktionen, ist beziehungsbildend und hat, wie die Fachpsychotherapie, einsichts- und veränderungsorientierte Zielsetzungen. Es umfaßt aber auch einfache Ratschläge und psychagogisches Vorgehen.

Supportive Psychotherapie ist keine streng definierte Psychotherapiemethode. Auf der Basis von fachlicher Kompetenz und Erfahrung ist sie ein Verfahren, welches kontinuierlich an die eigene Person adaptiert wird und am Ende einen integrativen eigenen Stil darstellt. Die Bedürfnisse von Patienten mit unterschiedlichen Erkrankungen erfordern ein hohes Maß von Einfühlungsvermögen und Flexibilität. (Auf störungsbezogenes therapeutisches Basisverhalten wird im Kapitel 7 näher eingegangen.) Als Grundhaltung sind die aus der Gesprächspsychotherapie bekannten Therapeuteneigenschaften wichtig: Empathie, Wärme, Echtheit und Selbstkongruenz.

Im Rahmen der supportiven Therapie werden im einzelnen folgende Vorgehensweisen empfohlen:
- Symptomanalyse
- Konkretisierung
- Klärung

- Deutung
- Konfrontation
- Durcharbeiten
- Zudecken
- konkrete Ratschläge
- Persuation
- direkte Suggestion
- indirekte Suggestion
- paradoxe Intention, Bagatellisierung und Ignorierung
- Bestätigung und Hebung des Selbstwertgefühls
- Vermittlung einer praktischen Lebensphilosophie
- Erlernen einer stoischen Haltung

Indikationen
- Belastungs- und Anpassungsstörung
- Psychose, Persönlichkeitsstörung
- schwere Depressionen
- psychosomatische und somatoforme Störungen
- Schmerzstörungen

7.3 Entspannungsverfahren

Zu den Entspannungsverfahren gehören autogenes Training, progressive Muskelrelaxation, Biofeedback und Hypnose.

Autogenes Training

Das autogene Training heilt keine Krankheiten, bessert aber Symptome und Befindlichkeit und verändert oft Einstellungen. Während die sogenannte Oberstufe des autogenen Trainings als imaginatives Verfahren nur selten praktiziert wird, hat die Unterstufe – vorwiegend als Gruppenkurs angewandt – Weiterverbreitung gefunden.

Das Erlernen des autogenen Trainings unter Anleitung eines erfahrenen Therapeuten in einer Gruppe ermöglicht dem Patienten vor allem zwei Erfahrungen:

Ich bin mit meinen Beschwerden nicht allein; ich kann selbst etwas gegen meine Beschwerden tun.

Beim autogenen Training wird der Arzt nur zu Anfang des Kurses heterosuggestiv auf seine Patienten einwirken, um sich bei fortschreitender Verinnerlichung der Formeln durch die Gruppe immer mehr zurückzunehmen. Der Patient soll sich nach der 6. bis 8. Gruppenstunde völlig vom Therapeuten gelöst haben und autogen üben. Andernfalls entstehen für ihn neue Abhängigkeiten.

Die Vermittlung des autogenen Trainings in der psychiatrischen Praxis kann primär-präventiven Charakter haben, setzt aber meist bei Patienten an, die schon „nervöse“ Beschwerden entwickelt haben. Indikationen sind psychovegetative und psychosomatische Störungen, Schlafstörungen, Ängste und Zwänge (als Basisverfahren). Insgesamt wird durch das autogene Training die Streßanfälligkeit reduziert, dies zugunsten von mehr Gelassenheit und Ruhe.

Die Methode erlaubt, den Patienten ein plausibles Erklärungsmodell für ihre Beschwerden zu vermitteln, um sie dann für weiterführende psychotherapeutische Maßnahmen zu motivieren.

Der Gruppenkurs kann sich auf 6 Abende im Wochenabstand (jeweils 1 Stunde) beschränken. Die Übungen können nach folgendem Muster ablaufen:

1. Gruppensitzung

- Jeder Teilnehmer stellt sich kurz vor und berichtet über seine Beschwerden, deren gemeinsame Wurzel vom Gruppenleiter (GL) aufgegriffen wird. Es erfolgt eine Erläuterung der Wirkungsweise des vegetativen Nervensystems mit seinen ergotropen und trophotropen Anteilen mit dem Hinweis, daß dessen Funktion willentlich nicht beeinflußbar ist.
- Kurze Geschichte des autogenen Trainings: Johann-Heinrich Schulz entwickelte das autogene Training und seine Erfahrungen mit der Hypnose als konzentrative Selbstentspannung. Was sich durch Fremdsuggestion induzieren läßt, ist auch durch Autosuggestion erreichbar.

- Wirkungsweise des autogenen Trainings: Indem der Patient sich über die Formeln des autogenen Trainings auf den Körper konzentriert, finden Veränderungen im Körper statt: Muskelentspannung, spürbar am Schweregefühl; Förderung der Durchblutung, erkennbar am Wärmegefühl usw. Daß solche Veränderungen eintreten, läßt sich mit dem Pendelversuch wirkungsvoll demonstrieren: Die Konzentration führt zu feinmotorischen Bewegungen der Hand, die das Pendel in Schwingungen versetzen und dessen Richtung ändern können.
- Erläuterung der entspannten Sitzhaltung
- Bedeutung von Einstimmung und Zurücknahme: Zu Beginn der Übung und nach jeder Störung während des Übens erfolgt jeweils der Satz: „Ich bin ganz ruhig“, der eine konditionierende Bedeutung für den Ablauf des gesamten autogenen Trainings bekommen kann. Es folgt dann der Satz: „Ruhe kommt von selbst“, womit die Vorstellung verbunden sein soll, alles geschehen zu lassen, was geschieht, nichts zu wollen und nichts zu erwarten.

Das Verständnis dieses Satzes hat eine Schlüsselfunktion für das erfolgreiche Erlernen des autogenen Trainings.
Bei der Zurücknahme am Ende einer Übung (Desuggestion) bringt der Patient durch kräftige Muskelkontraktion wieder Spannung in seinen Körper.

- Erste Formel: „Der rechte Arm ist ganz schwer“ (Schwereübung).

Der Patient konzentriert sich auf das Gewicht der Hand, die entspannt auf seinem Oberschenkel liegt und erreicht über die Vorstellung „ganz schwer“ eine Muskelentspannung, die unterschiedlich wahrgenommen wird. Die Übung kann später ausgedehnt werden:

- „Arme und Beine sind ganz schwer.“
- Hausaufgabe: Der Patient bekommt am Ende jeder Sitzung eine Anweisung, wie er zu Hause üben soll. Am Anfang soll die Übungszeit etwa nur 3mal 2 bis 5 Minuten täglich einnehmen. Später kann die Zeit gesteigert werden, solange es angenehm ist.

2. Gruppensitzung

- Besprechung von Störungen: Angesprochen werden störende Gedanken, Geräusche, Körperwahrnehmungen (Schlucken,

Atmen, Herzschlag, Schwindel). Der Patient muß lernen, solche Störungen in den Ablauf des autogenen Trainings zu integrieren.

- Zweite Formel: „Der rechte Arm ist ganz warm“ (Wärmeerlebnis). Der Patient konzentriert sich auf seine Fingerspitzen. Erreicht werden eine Gefäßerweiterung und eine Zunahme der peripheren Temperatur, indem mehr warmes Blut aus dem Körperinneren nach außen fließt.

3. Gruppensitzung

- „Atmung ganz ruhig“ (Atemeinstellung). Vermittlung der physiologischen Grundlagen der Atmung, insbesondere Hinweis darauf, daß die Atmung ein an Willen und Muskulatur gebundener Vorgang ist, der während des Übens durch die Entspannung als etwas Passives erlebt werden kann: „Es atmet mich“ (nicht ich atme).

4. Gruppensitzung

- „Herz schlägt ruhig und gleichmäßig“ (Herzregulation). Es hat sich bewährt, in dieser Formel nicht direkt das Herz, sondern den Puls als direkte Auswirkung der Herzkraft anzusprechen. Dies wirkt erfahrungsgemäß weniger ängstigend.
- Das Herz, dessen Funktionen und Absicherungen erklärt werden, soll zu einem bewußt erlebten, verfügbaren und überschaubaren Organ werden.

5. Gruppensitzung

- „Sonnengeflecht strömend warm“ (Leibübung). Bei dieser Übung handelt es sich um eine Ausweitung der Wärmeübung auf die Bauchorgane, die von vielen funktionellen Störungen betroffen werden. Das nicht wahrnehmbare Sonnengeflecht muß mit seinen Funktionen ausführlich erklärt werden. Die Konzentration erfolgt auf den Bauchraum.

6. Gruppensitzung

- „Stirn angenehm kühl“ (Kopfübung). Die Bedeutung des „kühlen Kopfes“ im Gegensatz zum „Hitzkopf“ wird erklärt. Auch der Hinweis auf die Erfahrung „Kopf kühl, Füße warm, hält Dich gesund, den Doktor arm“ untermauert noch einmal die präventive Wirkung des autogenen Trainings und kann hilfreich sein.

Indikationen

- vegetative und funktionelle Störungen, somatoforme Körperstörungen, Angespanntheit
- Unruhezustände, Angst
- Erschöpfung
- chronischer Schmerz

Abrechnung

Die Voraussetzung zur Abrechnung des autogenen Trainings ist die Teilnahme an einem Grund- und einem Aufbaukurs mit jeweils 8 Doppelstunden, wobei zwischen den beiden Kursen ein Zeitraum von mindestens 6 Monaten liegen soll.

Progressive Muskelrelaxation

Bei der progressiven Muskelrelaxation (Muskelentspannung) wird schrittweise die Körpermuskulatur zunächst kurzzeitig maximal angespannt und sodann wieder bewußt gelockert. Begonnen wird meist mit den Armen, es folgen Beine, Atem- und Bauchmuskulatur sowie Gesichtsmuskulatur. Die daraus resultierende Entspannung erstreckt sich schließlich über den ganzen Körper.

Die progressive Muskelrelaxation hat als Basisverfahren besonders Eingang in die Verhaltenstherapie gefunden. Sie ist für viele Patienten leichter und schneller erlernbar als das autogene Training.

Durchführung

- Der Patient sitzt in einer bequemen Sitzhaltung oder liegt entspannt; bei geöffneten Augen wird der Patient aufgefordert, die dominante Hand fest anzuspannen, die Spannung für kurze Zeit zu halten und maximal zu steigern. Dann wird er aufgefordert, die Hand zu entspannen.
- In weiteren Übungen werden Unterarm, Oberarm, Füße, Unterschenkel, Oberschenkel, auch der nichtdominanten Seite, einbezogen.

- Schließlich erfolgen die Übungen beidseitig, zunächst mit Armen und Händen, dann mit Füßen und Beinen.
- Gibt der Patient nach einigen Übungen schließlich an, ein entspanntes, gelöstes Gefühl oder ein Schweregefühl zu verspüren, wird er aufgefordert, nun die Augen für 10 bis 20 Sekunden zu schließen und die Entspannung zu spüren und zu genießen.
- Der Patient wird aufgefordert, die Übungen in der erprobten Weise ein- bis dreimal täglich selbst für wenige Minuten zu machen.
- Mit fortschreitender Erfahrung werden die Anspannungsphasen immer kürzer gehalten und schließlich ganz weggelassen. Die muskuläre Anspannung soll immer bei geöffneten Augen durchgeführt werden.

Dauer
Die Dauer einer Sitzung, die sich ebenfalls gut zur Gruppenbehandlung eignet, erstreckt sich auf maximal 20 bis 30 Minuten.

Indikationen
- Erschöpfungsgefühl
- Unruhe, Streß
- funktionelle und somatoforme Körperstörungen

Abrechnung
Zur Abrechnung ist ebenfalls die Genehmigung der KV erforderlich (s. autogenes Training).

Hypnose

Bei der Hypnose wird der Patient heterosuggestiv in einen Trancezustand geleitet. Die früher angewandte Fixationsmethode, mit der das Bewußtsein des Patienten durch Fixieren eines Gegenstandes mit begleitenden Suggestionen seiner möglichen Empfindungen eingeengt wurde, wird in der modernen Hypnose (Erickson, Rossi) durch eine Vielzahl kreativer Induktionstechniken ersetzt (Rekapitulation, Händedruckinduktion, Assoziation, indirekt konditioniertes Augenschließen), wodurch die Methode für Therapeut und Patient annehmbarer wird.

Der hypnotische Zustand wird durch eine deutliche verbale Desuggestion beendet.

Dauer
Die Dauer einer Behandlung liegt bei 30 bis 40 Minuten.

Abrechnung
Für die Abrechnung der Hypnose sind ein Grund- und ein Aufbaukurs mit jeweils 8 Doppelstunden erforderlich. Bei der Weiterbildung kann für die Zusatzbezeichnung „Psychotherapie" Hypnotherapie als Zweitverfahren angerechnet werden.

Biofeedback

Im Unterschied zu den beschriebenen Suggestivverfahren erfolgt beim Biofeedback eine wahrnehmbare Rückmeldung biologischer Funktionszeichen (Atmung, Puls, Blutdruck) im Zustand der Entspannung, wodurch auf autonome Körperfunktionen Einfluß genommen werden kann. Dieses Verfahren setzt eine entsprechende Meß- und Rückkopplungsapparatur voraus, die im Fachhandel erhältlich ist.

Dauer
Eine Sitzung dauert etwa 30 bis 40 Minuten, nach Einübung etwa 20 Minuten.

Indikationen
- Angst- und Spannungszustände, Muskelverspannungen
- Schlafstörungen
- Schmerz
- vegetative Funktionsstörungen (Tachykardie, Bluthochdruck, Hyperventilation), essentieller Tremor
- Asthma

Abrechnung
Eine Abrechnung mit den gesetzlichen Krankenkassen ist bislang nicht möglich.

7.4 Klientenzentrierte (personenzentrierte) Gesprächstherapie (GT)

Die klienten- bzw. personenzentrierte Gesprächspsychotherapie entstammt der „humanistischen Psychologie“. Sie ist weder aufdeckend wie analytische Verfahren noch konditionierend wie verhaltenstherapeutische, sondern basiert auf der Selbstexploration des Patienten (hier: Klienten).

Die Gesprächsführung richtet sich inhaltlich auf die Verbalisierung von Gefühlen, nachdem der Patient aufgefordert wurde, seine Probleme und Beschwerden und damit zusammenhängende Gedanken und Vorstellungen frei zu schildern.

Besondere Bedeutung haben folgende Eigenschaften des Therapeuten: positive Wertschätzung und emotionale Wärme, einfühlendes Verständnis und Kongruenz/Echtheit. Dieser verzichtet auf Deutungen und Hinterfragen, spiegelt aber die pathogenen Lebensbedingungen und Widersprüchlichkeiten zurück und verdeutlicht sie. Die therapeutischen Ziele sind letztlich Autonomie, Selbstannahme, Selbstverantwortung und Selbstverwirklichung („Wachstum“) des Patienten, der im Grunde lediglich Hilfe zur Klärung seiner Gefühle, Wünsche und Vorstellungen erhält.

Dauer

Die personenzentrierte Gesprächstherapie, die auch in Gruppenform durchgeführt werden kann, umfaßt etwa 10–20 Sitzungen.

Indikationen – als Form supportiver Therapie

- depressive Störungen
- Angststörungen
- psychovegetative, somatoforme und psychosomatische Störungen
- chronische Konfliktsituationen
- Selbstunsicherheit, Versagensgefühl, Lebensunzufriedenheit

Abrechnung

Die GT gehört bisher nicht zu den Richtlinienverfahren und kann daher nicht mit den Kassen abgerechnet werden.

7.5 Psychoanalytische Therapie, analytische Psychotherapie, Psychoanalyse

Den psychoanalytischen oder tiefenpsychologisch fundierten Behandlungsmethoden liegt die Annahme zugrunde, daß psychische Störungen, die durch emotionale und soziale Entwicklungsdefizite entstanden sind, nur innerhalb einer Therapeut-Patient-Beziehung wiederhergestellt oder nachgeholt werden können (Übertragung). Sie basieren somit auf einem interaktionalen Prozeß, der in therapeutischer Absicht bewußt geplant und organisiert wird.

In der orthodoxen Form wird eine Wiederbewußtmachung vergessener, ins Unbewußte abgedrängter Triebkonflikte oder anderer, affektgeladener Vorstellungen angestrebt. Dabei kommt der Bearbeitung sich entwickelnder unbewußter Widerstände besondere Bedeutung zu. Therapeutisch entscheidend ist der Übertragungsprozeß zwischen Behandler und Patient („Übertragungsneurose"). Unter Übertragung wird eine Verzerrung der Wahrnehmung mit inadäquaten Erlebnis- und Verhaltensweisen innerhalb der therapeutischen Beziehung verstanden. Aus früheren Erfahrungen reaktiviert, beinhaltet sie kindliche Wünsche und Sehnsüchte wie auch unerledigte Konflikte.

Durchführung

Im psychoanalytischen Standardverfahren liegt der Patient auf einer Couch, um die erwünschte Regression zu fördern. Die hauptsächlich eingesetzte Technik ist die der „freien Assoziation", d.h. das Äußern spontaner Gedanken, die von seiten des Therapeuten mit „freischwebender Aufmerksamkeit", jedoch ohne Intervention aufgenommen werden sollen („Abstinenzregel"). Mit Klarifikationen, Konfrontationen und Deutungen versucht der Therapeut, Übertragungen und Widerstand in der Aufdeckung unbewußter Motivationen zu analysieren und die neugewonnenen Einsichten in die Persönlichkeit des Patienten zu integrieren („Durcharbeiten").

Indikationen

- Kern- oder Charakterneurosen, Anpassungsstörungen
- Persönlichkeitsstörungen

Ausbildung
Analytische Psychotherapie im Rahmen von Vertragspsychotherapie setzt eine analytische Ausbildung (Zusatzbezeichnung „Psychoanalyse") voraus. Auch der Facharzt für psychotherapeutische Medizin kann analytische Therapie abrechnen.

Abrechnung
Bei einer Frequenz von 2 bis 3 Einzelsitzungen pro Woche werden von den Krankenkassen derzeit die Kosten für 160 Einheiten, in besonderen Fällen für 240, im Höchstfall für 300 gezahlt, zudem 8 Probesitzungen (s.a. Kap. 7.19).

7.6 Tiefenpsychologisch fundierte Psychotherapie

Die tiefenpsychologisch fundierte Psychotherapie ist aus dem beschriebenen analytischen Standardverfahren abgeleitet und beruht auf denselben Prinzipien. Sie ist allerdings direktiver und hat mehr aktuelle Probleme zum Gegenstand als die psychoanalytische Therapie; nicht angestrebt werden tiefere regressive Verhaltensweisen und das Entwickeln einer Übertragungsneurose. Patient und Therapeut sitzen sich gegenüber, problembesetzte Themen werden fokussiert, aktuell konfliktgezielt bearbeitet, und deren Ursachen und Hintergründe geklärt („Klarifikation"); die Therapieziele sind von vornherein eingegrenzt. Anhand der ersten Probesitzungen wird eine Bestandsaufnahme der aktuellen Symptomatik, der Lebenssituation und Biographie erhoben.

Im Gutachterverfahren gemäß den Psychotherapierichtlinien wird Wert darauf gelegt, daß der zu bearbeitende Konflikt ein intrapsychischer ist, der durch äußeren Anlaß wiederbelebt wurde. Bei der Antragstellung für eine Langzeittherapie sollte dieser Punkt besonders herausgearbeitet werden.

Dauer
Die Zeitdauer der Behandlung beschränkt sich auf Wochen bis Monate, maximal 1 Jahr bei insgesamt 25 bis 100 Sitzungen sowie 5 Probesitzungen (s.a. Kap. 7.19).

Indikationen
- neurotische (Anpassungs-)Störungen
- Persönlichkeitsstörungen
- chronische Konfliktsituationen

Ausbildung
Tiefenpsychologisch fundierte Psychotherapie kann nur von Ärzten mit der Zusatzbezeichnung „Psychotherapie“ oder „Psychoanalyse“ oder Fachärzten für psychotherapeutische Medizin durchgeführt werden.

7.7 Dynamische Psychotherapie, Fokaltherapie

Die dynamische Psychotherapie, eine Variante tiefenpsychologisch fundierter Therapie, gehört als analytisches Kurzzeitverfahren zu den in der Praxis häufig angewandten Therapiemethoden. Die Behandlung findet ebenfalls im Sitzen statt, das Vorgehen des Therapeuten ist jedoch aktiver und auf den Hauptkonflikt zentriert. Übertragungsreaktionen werden als wesentliches therapeutisches Hilfsmittel ebenso genutzt wie Interpretation und Bearbeitung von Widerständen.

Voraussetzungen für die Kurztherapien sind hohe Motivation des Patienten zur Mitarbeit und Herstellung eines zuverlässigen Arbeitsbündnisses. Autonomie und gesunde Anteile des Patienten, die einen Strukturwandel der Persönlichkeit überflüssig machen, werden besonders berücksichtigt.

Dauer
Der Patient bestimmt selbst im großen und ganzen den Umfang der Behandlung, der sich auf 20 bis höchstens 40 Therapiestunden erstreckt. Vorrangiges Ziel sind Beziehungskonflikte, insbesondere deren Entstehung, Bedeutung und Auswirkung in der lebensgeschichtlichen Entwicklung.

Bei Beschränkung auf den Hauptkonflikt (Fokaltherapie) kann die Behandlung noch weiter auf ca. 10 bis 20 Stunden abgekürzt werden (s.a. Kap. 7.19).

Indikationen
- umschriebene Konfliktsituationen
- Belastungsreaktionen
- Anpassungsstörungen mit Depressivität

7.8 Analytische Psychologie

Die analytische Psychologie bzw. analytische Psychotherapie gehört zu den aufdeckenden Methoden der Psychotherapie. Ihr Ziel ist die von C. G. Jung genannte „Individuation" (Selbstwerdung).

Das klinische Ziel ist ein Nachreifungsprozeß des Patienten mit dem Ergebnis der Wandlung und Heilung. Das therapeutische Vorgehen erstreckt sich auf eine Bestandsaufnahme mit Interpretation bewußt gemachter Inhalte aus Träumen, freier Assoziation und Phantasien. Der Therapeut erklärt und deutet die symbolverkleideten Inhalte aus dem individuellen und kollektiven Unbewußten.

Dauer
Als Langzeittherapie ist die analytische Psychotherapie für den Praxisbetrieb nur begrenzt geeignet.

Indikationen
- Charakterneurosen, Persönlichkeitsstörungen, Anpassungsstörungen
- allgemeine Lebensschwierigkeiten
- Selbstfindung und persönliche Weiterentwicklung

7.9 Interpersonale Psychotherapie

Die interpersonale Psychotherapie ist eine Kurzzeittherapie. Sie fokussiert die aktuellen interpersonellen Beziehungen mit möglicherweise daraus resultierenden Problemen.
In drei Behandlungsphasen werden zunächst die Hauptprobleme identifiziert und sodann schrittweise bearbeitet, indem eine Klärung der jeweiligen zwischenmenschlichen Beziehungen vorgenommen wird. In der Endphase wird der Behandlungsverlauf gestrafft, zusammengefaßt, und der Behandlungseffekt nachvollzogen.

Der Therapeut geht sowohl auf die verbalen Mitteilungen des Patienten ein wie auch auf Angebote unbewußter Mitteilungen.

Dauer
Die Behandlung umfaßt etwa 10 bis 15 Sitzungen.

Indikationen
Die interpersonale Therapie wird vorrangig zur Depressionsbehandlung eingesetzt; sie zählt nicht zu den Richtlinienverfahren.

7.10 Katathymes Bilderleben

Von den imaginativen Therapieverfahren ist das sog. katathyme Bilderleben die bekannteste, vom „Bildstreifendenken" nach C. G. Jung abgeleitete Form der imaginativen Psychotherapie.

Nach vorlaufender Entspannungsübung wird der Patient suggestiv aufgefordert, sich bestimmte Situationen vorzustellen und zu beschreiben, wobei als anregende „Standardmotive" Landschaften (z.B. Wiese, Bach, Berg, Waldrand, Feld) gelten, im fortgeschrittenen Stadium auch konfliktbesetzte Themen.

Dauer
Die Dauer einer Behandlung beträgt etwa 30 Minuten. Sie ist auch in der Gruppe möglich, in der anschließend die jeweiligen Anmutungserlebnisse und Erfahrungen ausgetauscht werden können.

Indikationen
- Angst- und Zwangszustände
- Depressionen
- psychovegetative, somatoforme und psychosomatische Störungen
- chronifizierter Schmerz

Abrechnung
Das katathyme Bilderleben gilt im Rahmen der Psychotherapierichtlinien als spezielle Behandlungsmethode der tiefenpsychologisch fundierten Psychotherapie (s. Kap. 7.6). Sie ist als Element dieser Therapieform ausdrücklich zugelassen, insbesondere dann, wenn Patienten sich auf verbale therapeutische Interaktionen nur

schwer einstellen können oder ihnen der Zugang zu innerseelischen Vorgängen erschwert ist.

7.11 Gruppentherapie

Gruppentherapeutische Verfahren erlauben eine effektive Behandlung mehrerer Patienten gleichzeitig. Vorzüge sind neben ökonomischen Vorteilen die therapeutische Nutzung von Interaktionsprozessen und die Effekte von Selbsterfahrung, Übertragung und Katharsis. Das Arbeiten mit Patientengruppen setzt zum einen die notwendigen Räumlichkeiten mit etwa 10 Sitzplätzen voraus, zum anderen genügend zeitlichen Spielraum, der sich eher spät nachmittags oder abends finden läßt, zumal wenn die Patienten berufstätig sind.

Die Auswahl der Gruppenmitglieder richtet sich nach der Art des therapeutischen Vorgehens bzw. der Indikation für das zu behandelnde Krankheitsbild. Grundsätzlich gilt, daß für Psychosekranke eher zudeckend-direktive bzw. supportiv-pädagogische Methoden eingesetzt werden, bei Anpassungs- und Persönlichkeitsstörungen aufdeckende Verfahren und bei Ängsten, Kontaktstörungen und Defiziten an sozialer Kompetenz eher verhaltenstherapeutisch-übende Methoden.

Da nicht alle Patienten die Konflikt- und Spannungssituationen des gruppendynamischen Prozesses positiv verarbeiten können, ist eine sorgfältige Zusammenstellung der Gruppe durch den Therapeuten wichtig. Kontraindiziert ist eine Gruppenbehandlung – außer für Akutkranke – für sehr ichschwache Patienten, histrionisch bzw. hysterisch und dissoziativ Persönlichkeitsgestörte und unkritisch-narzistische Personen.

Dauer

Tiefenpsychologisch fundierte Gruppenpsychotherapie im Rahmen der Vertragspsychotherapie ist auf 40 bis 80 Sitzungen begrenzt, analytische Gruppentherapie auf 80 bis 150 Sitzungen.

Indikationen

Die sog. erlebnisorientierten Therapieverfahren wie Psychodrama, Bioenergetik-, Encounter- und Gestalttherapiegruppen eignen sich nur bedingt für die psychiatrisch-psychotherapeutische Praxis, weil sie bislang nicht ausreichend evaluiert sind.

Ausbildung, Abrechnung
Die Genehmigung zur Abrechnung von Gruppenpsychotherapie bedarf einer über die Zusatzbezeichnung hinausgehenden Qualifikation, die in den Psychotherapierichtlinien festgelegt ist (s. Kap. 7.19).

7.12 Psychosomatische Grundversorgung

Die psychosomatische Grundversorgung zielt auf eine Basispsychotherapie ab, die von Anfang an sicherstellen soll, daß – mit unterschiedlicher Schwerpunktsetzung – somatische, psychische und soziale Faktoren an einem Krankheitsgeschehen berücksichtigt werden.

Ausbildung
Die psychosomatische Grundversorgung ist zum einen Bestandteil der Weiterbildungsordnung aller Fachärzte, die mit Patienten arbeiten, und zum anderen in den Psychotherapierichtlinien definiert, wobei derzeit noch unterschiedliche Qualitätsstandards zugrundeliegen.
Der höhere Standard ist in den Psychotherapierichtlinien festgelegt:

- mindestens 3jährige Erfahrung in selbstverantwortlicher ärztlicher Tätigkeit
- Teilnahme an einem Theorieseminar (20 Stunden)
- Teilnahme an einer Balint- oder Selbsterfahrungsgruppe (30 Stunden)
- Einübung verbaler Interventionstechniken (30 Stunden)
- Intensivierung der erworbenen Kenntnisse (20 Stunden)

Der Nervenarzt/Psychiater erfüllt diese Qualifikationskriterien, wenn er eine integrierte psychotherapeutische Weiterbildung absolviert oder die Zusatzbezeichnung „Psychotherapie“ erworben hat.

Abrechnung

Die Leistungen der psychosomatischen Grundversorgung werden nach den Gebührennummern 850 und 851 abgerechnet:

- 850: differentialdiagnostische Klärung psychosomatischer Krankheitszustände mit schriftlichem Vermerk über die ätiologischen Zusammenhänge einschließlich Beratung bis zweimal im Behandlungsfall
- 851: verbale Intervention bei psychosomatischen Krankheitszuständen unter systematischer Nutzung der Arzt-Patienten-Interaktion, Dauer 15 Minuten

7.13 Kognitive Therapie, kognitives Neubenennen

Die kognitive Therapie ist eine Form der Verhaltenstherapie, die auf der Grundannahme beruht, daß Entstehung und Persistenz psychischer Störungen auf verzerrten Sichtweisen und verfälschten Schlußfolgerungen basieren („dysfunktionale Annahmen"). Ziel der Behandlung ist es daher, solche – meist negativen – Denkstereotypien („automatische Gedanken") durch Selbstbeobachtung zu identifizieren und durch alternative, „gesunde" Denk- und Vorstellungsmuster zu ersetzen („kognitive Umstrukturierung").
Falschbewertungen erfolgen beispielsweise durch:

- Generalisierung („Pars-pro-toto"-Annahmen)
- Selektion (ein negatives Detail bestimmt die Gesamtbewertung)
- Kausalitätsphantasien (irrige, negative Schlußfolgerungen)
- Katastrophenerwartung („Wird nicht klappen")
- Personifizierung (negative Beziehungssetzung)
- Schwarz-Weiß-Denken („Alles-oder-Nichts"-Denken)

Therapeutisch gearbeitet wird mit verbaler Intervention, Tagebuchführung und anderen Hausarbeiten, Selbstinstruktion und positiver Umdeutung. Eingesetzt werden beispielsweise:

- **Realitätstesten:** genauere und korrektere Beschreibung der Realität und eigenen Erfahrungen und deren Besprechung mit dem Therapeuten. Dieser hält den Patienten dazu an, genauere

Belege für seine (falschen) Auffassungen beizubringen. Häufiges Realitätstesten führt zu einem Abbau der „automatischen Gedanken".

- **Reattribuierung:** Patient und Therapeut fassen möglichst alle Fakten bezüglich einer konkreten Erfahrung zusammen, unterziehen diese einer logischen Analyse und erstellen daraus ein Modell der Verantwortlichkeit. Durch zunehmende Objektivität der Betrachtungsweise lassen sich Wege aufzeigen, Probleme und Schwierigkeiten angemessen anzugehen, gleichzeitig den eigenen Wert realistisch zu beurteilen.
- **Alternative Erklärungen:** aktive Suche und Erforschung alternativer Erklärungen, Sichtweisen und logischer Schlußfolgerungen als Aspekt des Problemlösens. Hierzu werden Alternativen erarbeitet.
- **Entkatastrophisieren:** Der Patient wird dazu gebracht, sich mit seinen Katastrophengedanken näher und differenzierter zu befassen. Hierdurch können Katastrophenerwartungen zeitlich eingegrenzt und entschärft werden, wobei sich aufzeigen läßt, daß die befürchtete Katastrophe als Phantasie und nicht in der Realität existiert.

Notwendig ist eine vorhergehende Verhaltensanalyse im Rahmen einer sorgfältigen Verhaltensdiagnostik (s. Kap. 4.5).

Die kognitive Therapie ähnelt der sog. rational-emotiven Therapie; letztere ist allerdings infolge ihrer stärkeren Verwurzelung in der „humanistischen Psychologie" mehr auf die ganze Person und das gesamte Verhalten zentriert und hat entsprechend anspruchsvollere Therapieziele wie Umorientierung, Selbstverwirklichung und Wachstum.

Dauer

Die Therapie umfaßt gemäß den Psychotherapierichtlinien 25 bis 80 Stunden sowie 5 Probesitzungen.

Indikationen

- depressive Störungen
- Angststörungen
- chronische Konfliktsituationen

7.14 Systematische Desensibilisierung

Diese klassische, verhaltenstherapeutische Methode basiert auf der Annahme, daß Angst und angsthemmende Reaktion sich gegenseitig aufgrund reziproker Hemmung ausschließen. Sie erfordert einen gewissen zeitlichen und organisatorischen Aufwand, der in der Praxis nur begrenzt zur Verfügung steht. Nach Herstellen einer Angsthierarchie wird ein Entspannungstraining (z.B. progressive Muskelrelaxation) durchgeführt (s. Kap. 6.2). Der tief entspannte Patient wird sodann in ansteigender Intensität mit Angstreizen imaginativ („in sensu") oder in Bildern konfrontiert gemäß der erarbeiteten Angsthierarchie, bis die zuvor anxiogenen Reize angstfrei erlebt werden.

Dauer
Die Behandlung benötigt in der Regel 15 bis 20 Sitzungen, bis der Patient – unabhängig vom Therapeuten – angsterzeugende Situationen unter Kontrolle bringen kann. Weitere Auffrischungsübungen sind oft angebracht.

Indikationen
- isolierte Phobien bzw. situativ gebundene Ängste
- Zwangsimpulse und Zwangshandlungen

Die Methode wird bei Patienten eingesetzt, die zur Behandlung mittels Reizüberflutung (s. unten) nicht die genügende Motivation, Kraft und Ausdauer besitzen (Verhaltensdiagnostik s. Kap. 4.5).

Abrechnung
Die Leistungspflicht der Kassen beträgt 25 bis 80 Sitzungen sowie 5 Probesitzungen.

7.15 Reizkonfrontation, Reizüberflutung

Es hat sich gezeigt, daß die Erstkonfrontation eines phobischen Patienten mit dem maximal angstauslösenden Reiz zu einer Abschwächung und schließlich zum Verlöschen der Angst führt, wenn jener lange genug in der angstbestimmten Situation verbleibt.

Dieser Habituationsprozeß erfordert einen Zeitaufwand von mindestens 10 bis 20 Minuten.

Der Patient muß durch Aufklärung und genaue Instruktion vorbereitet werden, nachdem die vorlaufende Verhaltensanalyse (s. Kap. 4.5) zu einer detaillierten Bestandsaufnahme der Symptomatik geführt hat.

Da die Reizkonfrontation in vivo am wirksamsten ist, sollte sich die psychotherapeutische Praxis auf diese Intensivbehandlung aus organisatorischen und Erfahrungsgründen spezialisieren. Größerer Zeitaufwand kann entstehen, wenn der Patient verhältnismäßig lange in der Exposition verbleiben muß, bis die Angst nachläßt und schließlich abklingt. Erst durch dauerhafte Verhinderung des Vermeidungsverhaltens kommt es zur Löschung der Verknüpfung von Angstreiz und Angstreaktion sowie folgender Generalisierung bezüglich anderer Angstreize.

Dauer

Die intensive therapeutische Wirkung der ersten Exposition ist oft frappierend, so daß meist nur insgesamt wenige Übungen bis zur drastischen Besserung bzw. Heilung notwendig sind. Auch hier sind manchmal Auffrischungen notwendig.

Indikationen

- (schwere) chronische Phobien
- Zwangserkrankungen

Abrechnung

Die Leistungspflicht der Kassen entspricht der bei den anderen Verhaltenstherapie-Verfahren.

7.16 Gedankenstop

Die Technik des Gedankenstops wird benutzt, um eine Kontrolle über zwanghaft wiederkehrende, quälende Gedanken zu erreichen. Sie ist leicht anzuwenden und gut mit anderen Therapieverfahren zu kombinieren, daher weit verbreitet.

Voraussetzung ist, daß der Patient prinzipiell in der Lage ist, seine Gedanken zu beobachten und zu registrieren. Die Auswahl der zu kontrollierenden Gedanken wird nach Exploration und Verhaltensanalyse des Patienten vorgenommen. Ist der unerwünschte Zielgedanke identifiziert, wird dem Patienten klar gemacht, daß dieser Gedanke irrational, wenig hilfreich und sogar schädlich ist. Er wird aufgefordert, sich zu entspannen und sich innerlich den betreffenden Gedanken vorzusprechen, woraufhin der Therapeut laut „stop" ruft. Üblicherweise wird der Gedankenfluß hierdurch unterbrochen.

Nach mehrmaliger Wiederholung wird der Ablauf mit einer Körperbewegung kombiniert (z.B. Hebung des Fingers). Durch weiteres Üben erfolgt eine Stabilisierung der Verknüpfung von Denkvorgang und kontrollierter Bewegung, so daß der Patient in zunehmendem Maße eine Unterbrechung der pathologischen Gedankenkette herbeiführen kann.

Dauer
Die Übungen sollten zu Hause mindestens zweimal täglich für 5 bis 10 Minuten durchgeführt werden sowie selbstverständlich während der unerwünschten Gedanken. Im weiteren Therapieverlauf kann versucht werden, diese Gedanken auch zu anderen, freigewählten Zeitpunkten zu unterbrechen. Die Therapie wird solange durchgeführt, bis der Patient sich nicht mehr übergebührlich belastet fühlt.

Indikationen
- Zwangsgedanken, Zwangsimpulse
- Zwangshandlungen
- zwanghafte Befürchtungen, Phobien

7.17 Aufbau sozialer Kompetenz

Soziales Kompetenztraining wird eingesetzt, wenn Probleme in zwischenmenschlichen Beziehungen, soziale Ängste und Defizite in sozialer Kompetenz bestehen. Selbstsicherheitstraining soll erreichen, eine positive Einstellung zu sich zu finden und blockierende Emotionen wie Hemmungen, Schuldgefühle, Ängste und Fehlerwartungen abzubauen sowie Bedürfnisse und Wünsche zu artikulieren und durchzusetzen.

Zunächst sind die Bereiche der sozialen Einschränkungen festzulegen (z.B. für Beruf, Familie und Partnerschaft, Freizeit und Kontakte). Die sich ergebenden Defizite werden hierarchisch geordnet.

Es folgt das wiederholte Einüben von Verhaltensweisen, z.B. durch Rollenspiel, Rollentausch oder Verhaltensproben. Rückmeldungen und positive Verstärkung gehören zu den wichtigen therapeutischen Interventionen. Kritik sollte konstruktiv und dosiert geäußert werden (s. auch Kap. 8).

7.18 Psychotherapeutische Versorgung

Für die psychotherapeutische Versorgung sind derzeit noch keine Verhältniszahlen definiert, woraus zu erkennen ist, daß der Gesetzgeber hier noch einen deutlichen Bedarf sieht. Erst mit Inkrafttreten des Psychotherapeutengesetzes am 1.1.1999 soll eine Bedarfsplanung eingeführt werden. Die Ist-Situation psychotherapeutischer Versorgung ist zu Beginn des Kapitels beschrieben. Soll-Zahlen könnten aus verschiedenen epidemiologischen Studien abgeleitet werden. Dabei liegt die Punktprävalenz von Patienten mit psychogenen Störungen, die medizinisch-psychotherapeutischer Hilfe bedürfen, bei mindestens 15% und maximal 30% der Bevölkerung. Es wird vermutet, daß etwa nur die Hälfte solcher Patienten für eine Psychotherapie in irgendeiner Form motivierbar sind. Andere Autoren gehen davon aus, daß ständig etwa 5% der Bevölkerung fachpsychotherapeutischer Hilfe bedürfen.

Wenn man auf der Grundlage solcher Zahlen Verhältniszahlen für die psychotherapeutische Versorgung definiert und dabei zugrundelegt, daß Fachpsychotherapeuten allenfalls 40 Patienten in der Woche betreuen können, käme man auf eine Versorgungsdichte, die im Rahmen der gesetzlichen Krankenversicherung nicht finanzierbar ist.

Bei vielen Überlegungen wird zuwenig berücksichtigt, daß sich viele leichtere psychogene Störungen mit der Basispsychotherapie durch die hausärztlich tätigen Ärzte und die Ärzte, die an der psychosomatischen Grundversorgung teilnehmen, erreichen lassen. Die Indikation zur Fachpsychotherapie erfolgt oft nicht spezifisch, wie die Psychotherapierichtlinien dies fordern, sondern eher ungezielt, häufig mit dem Charakter von „Entsorgung" aus somatisch orientierten Praxen.

Diese Entwicklung hat bewirkt, daß neben der vertraglich vorgesehenen Psychotherapie durch ärztliche und psychologische Psychotherapeuten sowie durch Kinder- und Jugendlichenpsychotherapeuten eine sogenannte „graue Psychotherapie" entstanden ist, an der psychologische Therapeuten beteiligt sind, die die geforderte Qualität der Psychotherapierichtlinien nicht nachgewiesen haben. Diese graue Psychotherapie wird von den Krankenkassen auf dem Wege der Kostenerstattung finanziert. Mittlerweile teilen sich Vertrags- und Erstattungspsychotherapie häufig einen weitgehend unübersichtlichen Psychotherapie-Markt. Mit dem Psychotherapeutengesetz wird demnächst eine klare Regelung erfolgen.

7.19 Psychotherapierichtlinien

Während die supportiven Therapieverfahren (sogenannte kleine Psychotherapie) im Rahmen der Sprechstunde von den hausärztlich tätigen Ärzten nach den Gebührennummern des Hausarztkapitels im EBM und von Nervenärzten, Psychiatern und Kinder- und Jugendpsychiatern nach dem Kapitel G II entsprechend ihrer in der Weiterbildung erworbenen Kompetenz zu erbringen und abzurechnen sind, bedarf es für Leistungen der Psychosomatik und der übenden Verfahren (Kapitel G III EBM) und der sogenannten großen Psychotherapie (Kapitel G IV EBM) einer an eine spezielle Qualifikation gebundenen Genehmigung der KV. Die Qualitätskriterien sind in den Psychotherapierichtlinien festgelegt, die einen Standard für die Qualität psychotherapeutischer Leistungen festsetzen.

Die Genehmigung zur Ausübung der Psychosomatik (Gebührennummern 850, 851 EBM) – sogenannte psychosomatische Grundversorgung – ist an 80 Stunden theoretischer und praktischer Weiterbildung gebunden, davon 20 Stunden Theorie, 30 Stunden verbale Interventionstechniken und 30 Stunden Balint- bzw. Selbsterfahrungsgruppe. Die psychosomatische Grundversorgung stellt eine allen Fachärzten zugängliche Basispsychotherapie dar. Hier liegt die Chance, psychische und soziale Anteile am Krankheitsgeschehen von Anfang an gleichwertig mit somatischen Faktoren zu berücksichtigen und früh Schwerpunkte zu setzen.

Die Erbringung von Leistungen der großen Psychotherapie (Kapitel G IV EBM) im Rahmen der fachpsychotherapeutischen Versorgung steht ebenfalls allen Fachärzten offen, wenn sie die Zusatzbezeichnung „Psychotherapie“ oder „Psychoanalyse“ erworben haben. Darüber hinaus können diese Ziffern von den Fachärzten für Psychiatrie und Psychotherapie, den Fachärzten für Kinder- und Jugendpsychiatrie und -psychotherapie und den Fachärzten für Psychotherapeutische Medizin abgerechnet werden. Diese haben während ihrer Weiterbildung die entsprechende Qualifikation erworben.

Die Psychotherapierichtlinien lassen als Therapieverfahren tiefenpsychologisch fundierte Psychotherapie, analytische Psychotherapie und Verhaltenstherapie als sogenannte wissenschaftlich begründete Verfahren zu. Die Leistungen können als Kurzzeittherapie (5 Probesitzungen, 25 beantragte Sitzungen) und als Langzeittherapie (5 Probesitzungen, 40 bis 240 beantragte Sitzungen, je nach Verfahren), als Einzel- oder Gruppenpsychotherapie durchgeführt werden, wobei letztere wiederum eine besondere Qualifikation voraussetzt. Die Psychotherapierichtlinien orientieren sich an einem definierten Krankheitsbegriff: „Das Symptom ist nicht schon Krankheit“. Nach den Psychotherapierichtlinien kann **seelische Krankheit** erkennbar werden in:
- seelischen Symptomen
- körperlichen Symptomen
- krankhaften Verhaltensweisen

Seelische Krankheit wird als krankhafte Störung der Wahrnehmung, der Erlebnisverarbeitung, der sozialen Beziehungen und der Körperfunktionen verstanden. Der Krankheitscharakter dieser Störungen kommt wesentlich darin zum Ausdruck, daß sie der willentlichen Steuerung durch den Patienten nicht mehr oder nur zum Teil zugänglich sind. Ausgeschlossen von der Behandlung werden alleinige Berufs-, Erziehungs- und Sexualprobleme. Auch wird klargestellt, daß eine umfassende psychosoziale Versorgung nur dann und insoweit eine Leistung der gesetzlichen Krankenversicherung sein kann, wenn sie der Behandlung von Krankheit im Sinne der Richtlinien dient.

In fünf (bei Psychoanalyse 8) Probesitzungen, die auf dem Behandlungsschein abgerechnet werden (Gebührennummern 871 bzw. 881), stellt sich die Indikation für eine zu beantragende Kurz- oder Langzeittherapie in einem der zugelassenen Verfahren. Für die **Beantragung von Psychotherapie** bei der Krankenkasse, die die Unterlagen ggf. an einen Gutachter und an die zuständige KV weiterleitet, sind verschiedene Formulare vorgesehen, die der Arzt handhaben muß.

Auf dem Formular PT 1 stellt der Patient selbst einen Antrag bei seiner Krankenkasse. Diesem Antrag ist bei Kurzzeittherapie vom Arzt eine plakative Begründung mit Diagnose und kurzem Behandlungsplan auf dem Formular PT/VT 2 beizufügen. Die Krankenkasse kann damit die Psychotherapie genehmigen, die auf einem von der zuständigen KV zugesandten Formularsatz abgerechnet werden muß (PT 7b).

Langzeittherapie ist gutachterpflichtig, d.h. der Arzt hat dem Antrag des Versicherten an die Krankenkasse einen ausführlichen Bericht an den Gutachter (PT/VT 3 a/b/c) beizufügen, der das Krankheitsbild mit seinen psychodynamischen oder verhaltensanalytischen Aspekten beschreibt und auch zur Prognose Stellung nimmt. Ein solcher Bericht an den Gutachter soll 2 bis 3 DIN-A4-Seiten nicht überschreiten. Nach Genehmigung durch den Gutachter, der die Unterlagen mittels einer Chiffrenummer anonymisiert bekommt, erfolgt die Abrechnung der Leistungen ebenfalls auf einem speziellen Formularsatz der KV (PT 7b).

Eine begonnene Kurzzeittherapie kann spätestens bis zur 20. Sitzung noch in eine Langzeittherapie umgewandelt werden, die dann gutachterpflichtig wird.

Führt der Arzt die notwendige Psychotherapie nicht selbst durch, kann er im Rahmen des sogenannten **Delegationsverfahrens** einen psychologischen Psychotherapeuten oder einen Kinder- und Jugendlichenpsychotherapeuten hinzuziehen. Am Delegationsverfahren sind nur Psychologen und Kinder- und Jugendlichenpsychotherapeuten beteiligt, die eine spezielle Berechtigung zur Ausübung von Psychotherapie durch die KV besitzen. Das Delegationsverfahren wird eingeleitet durch Ausstellen eines speziellen Formulars zur Abrechnung der verbleibenden, d.h. vom Arzt selbst nicht in Anspruch genommenen Probesitzungen (PTV 9).

Plant der Arzt von vornherein eine Delegation, sollte er nach Durchführung der ersten Probesitzung die restlichen vier an den psychologischen Psychotherapeuten delegieren. Bei einer delegierten Langzeittherapie muß der Bericht des psychologischen Psychotherapeuten noch durch Angaben des Arztes ergänzt werden (Rückseite von PT/VT 3a/b/c). Für die Krankenkassen werden die weißen, für die Ersatzkassen die grünen Formularsätze verwendet.

Nach Inkrafttreten des Psychotherapeutengesetzes 1999 entfällt das Delegationsverfahren. Der Patient kann dann einen zugelassenen oder ermächtigten nichtärztlichen Psychotherapeuten direkt aufsuchen. Dieser hat dafür Sorge zu tragen, daß zu Beginn der Therapie eine somatische und ggf. psychiatrische Abklärung erfolgt. Ab 1999 wird sich der Patient ferner voraussichtlich an den Behandlungskosten beteiligen müssen.

8 Soziotherapie und Rehabilitation

8.1 Psychiatrische Basistherapie

Psychiatrische Therapie, Prävention und Rehabilitation bilden eine Einheit. Eine willkürliche Trennung ist im Rahmen der Gesamtbehandlung nicht sinnvoll, dagegen sind Schwerpunktsetzungen nötig. Die jetzt in die Praxis eingeführte Gruppentherapie (Gebührennummer 827 EBM) hat nach der Legende der Gebührenordnung das rehabilitative Ziel der Reintegration; mit den Elementen der Einübung sozialer Kontakte, des Trainings sozialer Kompetenz und einer psychoedukativen Ausrichtung ist sie zugleich aber auch Sekundärprävention.

> Mit seiner neurologisch-psychiatrisch-psychotherapeutischen Kompetenz ist der Nervenarzt oft erste Anlaufstelle für alles „Nervliche“. Patienten und zuweisende Ärzte bzw. Psychologen können oft nicht ausreichend zwischen den Bereichen Neurologie, Psychiatrie und Psychotherapie unterscheiden. So wird die nervenärztliche Praxis bzw. psychiatrische Ambulanz mit ihren integrierten Kompetenzen zu einer wichtigen Clearingstelle.

Der Psychiater hat mit einem breiten Spektrum von Krankheitsbildern zu tun und muß nach Durchführung der Diagnostik jeweils entscheiden, welche Form psychiatrisch-psychotherapeutischer Behandlung zunächst Schwerpunkt sein soll. Der erregte, in seinem Gedankengang zerfahrene psychotisch kranke Mensch z.B. bedarf zunächst einer medikamentösen Krisenintervention, bis sich sein Zustand soweit stabilisiert, daß Pharmakotherapie, verbale Therapieverfahren und Soziotherapie gleichwertig oder mit wechselnden Schwerpunkten eingesetzt werden können.

Bei aktuellen Konflikten, neurotischen und psychosomatischen Störungen steht die verbale Therapie schon zu Beginn im Vordergrund, wenngleich auch hier eine medikamentöse Begleitung notwendig werden kann. Es wird vor allem darum gehen, die Indikation für eine Psychotherapie festzulegen und die Therapieform zu bestimmen, die dem Patienten in und mit seiner Krankheit am ehesten gerecht wird. Gleichzeitig wird vielfach die Einleitung medizinischer und/oder beruflicher Rehabilitationsmaßnahmen notwendig. Das Klischee vom nur Pillen verschreibenden Psychiater gehört der Vergangenheit an, wird aber zuweilen noch sozialpolitisch genutzt (Slogan: „Psychotherapie statt Pille!“). Der erfahrene Facharzt verfügt über ein breites Spektrum diagnostischer und therapeutischer Methoden, die ihm die effektive Behandlung auch schwerster psychischer Störungen ermöglichen. Gerade auf solchen schweren Krankheitsfällen – Persönlichkeitsstörungen, Psychosen, Süchte, chronifizierte neurotische Störungen, schwere Depressionen, geistige Behinderungen – wird er sozusagen „sitzenbleiben“. Für diese Patienten, die nach ambulanten oder stationären psychiatrisch-psychotherapeutischen Behandlungen immer wieder zu ihm zurückkehren, wird er quasi zum Hausarzt. Es entsteht eine vertrauensvolle, haltgebende Beziehung, die oft über viele Jahre die Basis der psychiatrischen Behandlung bleibt, aber auch vielen Belastungen standhalten muß.

Diese auf einer haltgebenden Beziehung aufbauende **psychiatrische Basistherapie** ist supportiv-komplementär (stützend-ergänzend) ausgerichtet (s. Kap. 7.2). Im Rahmen einer solchen Zielsetzung wird der Arzt das Gesunde fördern, das Krankhafte begrenzen, das Unabänderliche integrieren und Defizite und Inkompetenzen ausgleichen helfen.

Als unspezifisch erscheinende Wirkfaktoren der Therapie sind zu nennen:

- Mobilisieren von Zuversicht, Hoffnung und Veränderungsbereitschaft
- Aufnahme einer emotional bedeutsamen Beziehung
- Herstellung eines plausiblen Erklärungsmodells für die Probleme des Patienten
- Auftauen verfestigter Erlebens- und Verhaltensmuster

Zudem werden u.a. folgende spezifische Strategien eingesetzt:

- psychoedukative Maßnahmen (bei psychotischen Patienten)
- Training sozialer Kompetenz (bei allen mit Selbststörungen verbundenen Erkrankungen)

- Aktivitätenplanung (bei depressiven Patienten)
- Konfrontationsverfahren (bei Angst- und Zwangserkrankungen)
- autogenes Training und Hypnose (bei Schmerzstörungen und psychosomatischen bzw. somatoformen Krankheitsbildern)

Bei allem Krankhaften sind immer die positiven Ressourcen des Patienten zu sehen und zu verstärken. Interventionen, die in diese Richtung zielen, bergen das Selbst und mobilisieren Kräfte für nötige Veränderungen. Es gilt, die Möglichkeiten des Kranken hinsichtlich Nähe-Distanz, Macht-Ohnmacht und Aktivität-Passivität zu erkennen, um das Therapeutenverhalten daran auszurichten und dem Patienten zu ermöglichen, eine angstfreie Rolle in der Beziehung zu übernehmen. Wenn nur der Arzt redet, ist das kein Gespräch; wenn nur der Patient redet, ist das keine Therapie. Wieviel Nähe, wieviel Distanz kann ein Patient ertragen?, wo liegt seine „intime Schwelle"?, wieviel „Macht" braucht er?, wieviel Ohnmacht kann er ertragen?

Der **depressive Patient** braucht einen sicheren und souveränen Therapeuten, der ihm Zuversicht und Gewißheit gibt, aus der Depression herauszufinden. Hilfreich sind alle Interventionen, die das schwer angeschlagene Selbstwertgefühl stützen. So sind vor allem kleine Symptombesserungen zu erkennen, zu benennen und zu verstärken. Es ist viel Geduld erforderlich.

Der **zwanghaft strukturierte Patient** hat große Ängste vor Bestrafung und Schuldgefühlen. Er wird sich in der Therapie gehorsam anpassen, wird jede Veränderung in Richtung Autonomie sorgsam vermeiden. Hier bedarf es eines aktiven Therapeuten, der die Notwendigkeit des Handelns deutlich macht und durchsetzt: „Ohne Risiko gibt es keinen Fortschritt".

Der **Angstpatient** klammert sich an den Therapeuten und benötigt ihn als Sicherheit gebendes Objekt. Über eine verläßliche Beziehung wird es darum gehen, daß er den Therapeuten mit seinen Schutz und Sicherheit gebenden Anteilen internalisiert und sich dann auch von ihm entfernen kann. Alle Schritte in Richtung Autonomie sind zu verstärken.

Der **Patient mit histrionischen Merkmalen** braucht einen wirklich souveränen Therapeuten, der die Inszenierungen nicht als Angriff erlebt, sondern ihre Funktion versteht, ohne dabei zu empathisch zu sein (kritische Empathie). Der Therapeut muß Zurückweisungen und schroffe Kränkungen vermeiden, muß aber den Forderungen der Patienten Grenzen setzen. Alle Entwicklungen, die eine Reifung der Persönlichkeit beinhalten, sind zu verstärken.

Bei vielen Störungsbildern – vor allem **Persönlichkeitsstörungen, psychosenahen Störungen** und **Psychosen** – erscheint es ratsam, daß sich der Therapeut sehr zurücknimmt und scheinbar wenig souverän verhält. Diese Strategie wird in der Verhaltenstherapie als „Colombo-Technik" beschrieben (nach dem auf diese Weise sehr erfolgreichen Inspektor aus der Fernsehserie). Ängste vor Depotenzierung oder Überrumpelung und Vernichtung werden so weitgehend vermieden. Der Patient hat zunächst das Gefühl, daß er bestimmt, was in der Therapie läuft.

Beim **Suchtpatienten** wird es darauf ankommen, die Abhängigkeit als Krankheit wie jede andere zu akzeptieren. Verleugnung des Suchtverhaltens bedeutet kein bewußtes Lügen oder Hintergehen des Therapeuten, sondern ist Symptom der Erkrankung. Ein Rückfall darf keinen therapeutischen Nihilismus aufkommen lassen; er ist Symptom der Krankheit. Jeder Rückfall kann ein Stück zur Heilung oder Symptombesserung beitragen.

Bei Patienten mit Störungsbildern, die mit **Somatisierungen** einhergehen, wird der Therapeut zunächst das angebotene körperliche Symptom aufgreifen und beachten. Es ist für den Patienten ein erstes Mittel der Kommunikation in einer oft schwer zu entschlüsselnden Sprache. Der Übergang zu einer reiferen Form von Kommunikation ist oft schwierig und langwierig und erfordert Geduld, Wachsamkeit und Einfühlungsvermögen. Günstig ist es, wenn der Therapeut selbst über viele Möglichkeiten von Phantasie und symbolhaftem Denken verfügt und überdies in der Lage ist, dem Patienten seine eigenen Gefühle zu „leihen".

Die hier angeführten Beispiele für therapeutisches Basisverhalten bei bestimmten Störungsbildern gehören zum Repertoire des erfahrenen Psychiaters und Psychotherapeuten. Sie zeigen, wie flexibel der Therapeut sein muß, um den psychisch kranken Menschen erreichen zu können und ihm eine Basis für Veränderungen zu geben. Die oft gering geschätzte, nur nebelhaft definierte supportive Therapie ist harte therapeutische Arbeit mit hoher Effektivität. Ergibt sich nach psychiatrisch-psychotherapeutischer Erstdiagnostik die Indikation zur Fachpsychotherapie, kann der Psychiater diese selbst durchführen oder an einen von der KV anerkannten psychologischen Psychotherapeuten delegieren (s. Kap. 6).

8.2 Stationäre Behandlung

Der ambulanten psychiatrischen Behandlung sind Grenzen gesetzt, die manchmal leicht, oft aber auch nur mit großer Aufmerksamkeit zu erkennen sind. Akutes psychotisches Verhalten mit psychotischer Angst, Erregung und Suizidalität sind beispielsweise Indikationen zur Einleitung einer stationären Therapie, die manchmal über eine Zwangsunterbringung herbeigeführt werden muß. In solchen Fällen ist entschlossenes Handeln – auch mit der klaren Entscheidung zur Zwangseinweisung – oft richtiger als unentschlossenes Abwarten (s. auch Kap. 3.12 u. 3.13). Auf die Notwendigkeit zur Schaffung klarer Kommunikationsstrukturen mit dem psychiatrischen Krankenhaus des Versorgungsgebietes wurde zuvor schon hingewiesen. Informationen vor der Einweisung durch den Nervenarzt sind ebenso wichtig wie Informationen des Krankenhausarztes vor der Entlassung mit Hinweisen auf weitere geplante Therapieschritte und notwendige rehabilitative Maßnahmen.

Die stationäre psychotherapeutische Behandlung, die eine gezielte Indikation hat, findet in Deutschland vorwiegend im Rahmen medizinischer Rehabilitation in sogenannten psychosomatischen Kliniken statt. Man kann schätzen, daß etwa 10% der Patienten, bei denen sich eine Indikation für Psychotherapie ergibt, besonders von einer stationären Psychotherapie profitieren können. Hierbei dürfte es sich vor allem um Persönlichkeitsstörungen und psychosenahe Störungen handeln.

8.3 Teilstationäre Behandlung, Tagesklinik

Auf eine solche Behandlungsform, die vom Grundsatz her ein klinisches Behandlungsangebot vorhält, welches nicht an ein Krankenbett gebunden ist, wird der Psychiater vor allem dann zurückgreifen, wenn die Erkrankung subakut oder residual ist und Schwierigkeiten bearbeitet werden sollen, die sich aus dem familiären oder beruflichen Umfeld des Patienten ergeben. Da die Pflegesätze für die teilstationäre Behandlung niedriger sind als für die stationäre Therapie, lassen sich durch die Inanspruchnahme der Tagesklinik Kosten einsparen. Die tagesklinische Behandlung hat oft eine rehabilitative Ausrichtung, die nach der Krankenhausentlassung durch den niedergelassenen Arzt und durch komplementäre Behandlungsangebote fortgesetzt werden kann.

8.4 Einleitung rehabilitativer Maßnahmen

Prävention, psychiatrisch-psychotherapeutische Behandlung und Rehabilitation sind inhaltlich nicht zu trennen. Ohne daß dies herausgestellt wird, kann ein Therapieschritt präventive und rehabilitative Aspekte enthalten, was in den Gebührenordnungen, die sich an der Heilung von Krankheit orientieren, kaum Berücksichtigung findet. Neben einer falschen Einschätzung der Möglichkeiten einer Nervenarztpraxis spielt dabei ein Kompetenzgerangel der verschiedenen Kostenträger eine Rolle. So fühlen sich die Krankenkassen für die Durchführung präventiver Maßnahmen zuständig (Gesundheitsvorsorge) und die Rentenversicherungsträger decken zu ca. 80% die Rehabilitation ab.

Primärpräventive Maßnahmen werden im deutschen Gesundheitssystem noch zu wenig umgesetzt. Gesundheitserziehung bereits im Vorschulalter und Prävention von Persönlichkeitsstörungen und Suchterkrankungen werden allenfalls vereinzelt in Modellversuchen erprobt. Sekundär- und Tertiärprävention, die Eingang in das Gesundheitssystem gefunden haben, sind sicher teurer und weniger effektiv. Es scheint allgemeines menschliches Verhalten zu sein, erst dann Veränderungen einer pathogenen Lebensweise vorzunehmen, wenn bereits Krankheitssymptome aufgetreten sind.

Die unterschiedlichen Zuständigkeiten für rehabilitative Maßnahmen verzögern oft die Durchführung notwendiger Rehabilitationsmaßnahmen. Rehabilitation wird überwiegend stationär durchgeführt, vorwiegend über Heilverfahren der Rentenversicherungsträger, z.B. in psychosomatischen Kliniken. In Deutschland soll es ca. 10.000 Betten in psychosomatischen Kliniken geben. Mit einem solch hohen Versorgungsangebot steht Deutschland an der Spitze der westlichen Industrieländer, die diese Versorgungskapazität nicht einmal zusammen erreichen.

Demgegenüber spielen ambulante rehabilitative Maßnahmen noch eine untergeordnete Rolle. Wohnortnahe psychiatrische und psychosomatisch-psychotherapeutische Frührehabilitation sind nur ganz vereinzelt etabliert. Für die Durchführung und Koordination von ambulanter Rehabilitation bietet sich die Kompetenz der Nervenarztpraxis geradezu an.

Zur Zeit erarbeitet die Bundesarbeitsgemeinschaft für Rehabilitation (BAR) ein Konzept für ambulante Rehabilitation für psychisch Kranke und Behinderte, in dem das stationäre Konzept von Rehabilitationseinrichtungen für psychisch Kranke und Behinderte (RPK) der Krankenversicherungsträger, der Rentenversicherungsträger und der Bundesanstalt für Arbeit auf gemeindenahe ambulante Teams übertragen wird, die ein entsprechendes Anforderungsprofil erfüllen, sich zu einem Rehabilitationsteam zusammenschließen und von den Kostenträgern regional anerkannt sein müssen. Die Finanzierung soll außerhalb des ambulanten Budgets erfolgen.

Der Gesetzgeber legt den Grundsatz **„Rehabilitation vor Rente“** fest: Renten wegen Minderung der Erwerbsfähigkeit oder wegen Erwerbsunfähigkeit sollen erst dann bewilligt werden, wenn zuvor Maßnahmen zur Rehabilitation durchgeführt worden sind oder wenn, insbesondere wegen Art und Schwere der Behinderung, ein Erfolg solcher Maßnahmen nicht zu erwarten ist (s. a. Kap. 9.4)

Der Gesetzgeber unterscheidet zwischen medizinischen, berufsfördernden und ergänzenden Maßnahmen und Leistungen zur Rehabilitation. Mit solchen Maßnahmen soll erreicht werden, körperlich, geistig oder seelisch Behinderte möglichst auf Dauer in Arbeit, Beruf und Gesellschaft einzugliedern.

Die **medizinischen Leistungen zur Rehabilitation** beziehen sich auf die Maßnahmen, einer drohenden Behinderung vorzubeugen, die Behinderung zu beseitigen, zu bessern oder eine Verschlimmerung zu verhüten. Hierzu zählen ärztliche Behandlung, Versorgung mit Arzneimitteln und Heilmitteln (einschließlich Krankengymnastik, Bewegungs-, Sprach- und Beschäftigungstherapie), Versorgung mit Hilfsmitteln, Belastungserprobung und Arbeitstherapie. Die Leistungen können ambulant oder stationär in Krankenhäusern, Kur- und Spezialeinrichtungen erbracht werden.

Die **berufsfördernden Leistungen zur Rehabilitation** sollen alle Hilfen umfassen, die erforderlich sind, um die Erwerbsfähigkeit des Behinderten entsprechend seiner Leistungsfähigkeit zu erhalten, zu bessern, herzustellen oder wiederherzustellen und ihn hierdurch möglichst auf Dauer beruflich einzugliedern.

Vorgesehen sind Hilfen zur Erhaltung oder Erlangung seines Arbeitsplatzes einschließlich Leistungen zur Förderung der Arbeitsaufnahme sowie Eingliederungshilfen an Arbeitgeber und zur Berufsvorbereitung einschließlich einer wegen der Behinderung erforderlichen Grundausbildung, berufliche Anpassung, Fortbildung, Ausbildung, Umschulung einschließlich eines zur Teilnahme an diesen Maßnahmen erforderlichen schulischen Abschlusses.

Sonstige Hilfen der Arbeits- und Berufsförderung ermöglichen Behinderten eine angemessene und geeignete Erwerbs- und Berufstätigkeit auf dem allgemeinen Arbeitsmarkt oder in einer Werkstatt für Behinderte.

Die **ergänzenden Leistungen zur Rehabilitation** umfassen Kranken- und Verletztengeld, Beiträge zur gesetzlichen Kranken-, Pflege-, Unfall- und Rentenversicherung, Lernmittel und Arbeitskleidung, Reisekosten, Behindertensport in Gruppe unter ärztlicher Betreuung sowie Haushaltshilfen.

Bei einem Antrag zur Durchführung von Rehabilitationsmaßnahmen müssen bestimmte **versicherungsrechtliche Voraussetzungen** vorliegen. Allgemein sind das eine Wartezeit von 15 Jahren oder der Bezug einer Rente wegen verminderter Erwerbsfähigkeit zum Zeitpunkt der Antragstellung. Für die medizinischen Leistungen zur Rehabilitation haben Versicherte die versichungsrechtlichen Voraussetzungen auch erfüllt, wenn sie in den letzten 2 Jahren vor der Antragstellung 6 Kalendermonate mit Pflichtbeitragszeiten nachweisen können. Berufsfördernde Leistungen zur Rehabilitation werden an Versicherte auch erbracht, wenn ohne diese Leistung Rente wegen verminderter Erwerbsfähigkeit zu leisten wäre oder wenn sie für eine voraussichtlich erfolgreiche Rehabilitation unmittelbar im Anschluß an medizinische Leistungen der Träger der Rentenversicherung erforderlich sind.

Rehabilitation durch die Träger der örtlichen und überörtlichen Sozialhilfe folgt immer dem Nachrangigkeitsprinzip, d.h. Leistungen erhalten nur Personen, die sich nicht selbst helfen können oder die erforderliche Hilfe von anderen, insbesondere Angehörigen oder von Trägern anderer Sozialleistungen (Krankenversicherung, Pflegeversicherung, Rentenversicherung, Arbeitslosenversicherung) nicht bekommen. Dies ist bei chronisch psychisch Kranken oft der Fall (keine Berufsausbildung, keine versicherungsrechtlichen Voraussetzungen, geringe finanzielle Mittel), so daß hier auf Sozialhilfe zurückgegriffen werden muß.

Für den psychisch Kranken vorgesehene Leistungen sind insbesondere Hilfen bei der Ausbildung in einem angemessenen Beruf oder einer sonstigen angemessenen Tätigkeit, Fortbildung im früheren oder einem verwandten Beruf, Umschulungsmaßnahmen, Hilfe zur Erlangung eines geeigneten Arbeitsplatzes, Unterbringung in einer Werkstatt für Behinderte, Hilfe bei der Beschaffung und Erhaltung einer Wohnung, die den besonderen Bedürfnissen des Behinderten entspricht, Maßnahmen zur Sicherung der Wirksamkeit der ärztlichen Therapie sowie Hilfen zur Teilnahme am Leben in der Gemeinschaft.

Ein weiterer Kostenträger für die Rehabilitation ist mit Einführung der Pflegeversicherung in den bei den Krankenkassen angesiedelten Pflegekassen geschaffen worden. Hier gilt der Grundsatz: **„Rehabilitation vor Pflege“**. Auch ist vorgesehen, den Grad der Pflegebedürftigkeit durch Rehabilitationsmaßnahmen herabzusetzen. In diesen neuen Zweig der Rehabilitation kann die Kompetenz der Nervenarztpraxis eingebracht werden.

Wenn eine psychische Erkrankung erkennbar in absehbarer Zeit in Erwerbsunfähigkeit einmündet, die Erwerbsfähigkeit also gefährdet ist, stellt der Patient beim Rentenversicherungsträger einen Antrag auf medizinische Rehabilitation, dem eine Bescheinigung des Arztes über deren Notwendigkeit beigefügt ist. Der medizinische Dienst der Krankenkasse übernimmt die Begutachtung. Er kann eine stationäre Rehabilitationsmaßnahme befürworten oder zu dem Ergebnis kommen, daß die ambulant durchführbaren Maßnahmen ausreichend sind oder aber stationäre Krankenhausbehandlung notwendig ist.

Wird bei der Begutachtung bereits erkennbar, daß sich die Erwerbsfähigkeit durch Rehabilitationsmaßnahmen nicht mehr herstellen läßt, wird eine Rente wegen Erwerbsunfähigkeit, ggf. mit zeitlicher Begrenzung, gewährt. Der Antrag des Patienten auf Rehabilitationsmaßnahmen gilt in einem solchen Falle als Rentenantrag. Die Rente wird rückwirkend ab Antragstellung gewährt. Nach Durchführung einer stationären medizinischen Rehabilitation ergibt sich oft die Notwendigkeit für eine berufliche Rehabilitation, wobei als Kostenträger entweder die Rentenversicherung oder aber das Arbeitsamt, nachrangig auch der Sozialhilfeträger, in Frage kommt.

Bezieht ein Patient bereits Rente, ist die Krankenkasse für die medizinische Rehabilitation zuständig. Für die Sicherstellung der Nachbehandlung nach Rehabilitationsmaßnahmen ist wiederum der Nervenarzt/Psychiater zuständig. Leider ist die Kommunikation zwischen den niedergelassen Ärzten, die Rehabilitationsmaßnahmen in der Regel anregen, und den Rehabilitationseinrichtungen oft dürftig.

Anstelle einer formalen Kommunikation in Form von Befund- und Behandlungsberichten erscheint eine regelhafte telefonische Kommunikation bei Beginn und vor Abschluß der Rehabilitationsmaßnahme fruchtbar. Der niedergelassene Arzt wäre dann in die Entscheidungen einbezogen und könnte rechtzeitig eine Nachbehandlung sicherstellen. Hier ergibt sich allerdings die Notwendigkeit der Schaffung von Rahmenbedingungen, die den Aufwand vergüten.

Der Nervenarzt kann die notwendige Nachbehandlung nach stationärer, teilstationärer oder rehabilitativ ausgerichteter stationärer Behandlung allein nicht sicherstellen. Notwendig sind die Vernetzung mit psychosozialen Einrichtungen und die Nutzung komplementärer stützender Versorgungsangebote.

8.5 Betreutes Wohnen

Bei einem intakten familiären Umfeld erfolgt die Entlassung des psychisch Kranken aus der stationären Behandlung in der Regel nach Hause. Auf die Notwendigkeit von Angehörigenarbeit wurde bereits hingewiesen (Kap. 3.19). Angehörige leisten unverzichtbare Hilfe bei der Behandlung psychisch Kranker.

Bei vielen psychisch Kranken findet sich indessen kein intaktes Zuhause. Hier ergibt sich die Indikation zum betreuten Wohnen, entweder als Einzelwohnen, als Wohnen in Gruppen oder in Heimen. Während sich betreutes Einzelwohnen immer mehr verbreitet, fehlt es in vielen Regionen an Wohngruppen, Übergangsheimen und Heimen spezifischer Ausrichtung. Viele chronisch psychisch Kranke sind in Altenheimen nicht adäquat untergebracht.

Betreutes Wohnen gibt allerdings nur dann einen Sinn, wenn eine regelmäßige Kommunikation zwischen dem Betreuer und dem behandelnden Arzt sichergestellt wird; es werden sonst leicht unrealistische oder gegensätzliche Therapieziele verfolgt, die durchaus pathogen wirken können. Kostenträger für betreutes Wohnen wird in der Regel die örtliche oder überörtliche Sozialhilfe sein. Meist erfolgt im Vorfeld eine Begutachtung durch das Gesundheitsamt.

8.6 Psychiatrische Pflege

Psychiatrische Pflege ist eine besondere Form der häuslichen Krankenpflege, die für einen begrenzten Zeitraum von der Krankenkasse getragen wird. Die häusliche Krankenpflege umfaßt die Grund- und Behandlungspflege sowie die hauswirtschaftliche Versorgung. Der Anspruch auf häusliche Krankenpflege besteht nur, soweit eine im Haushalt lebende Person den Kranken in dem erforderlichen Umfang nicht pflegen und versorgen kann, und ist in der Regel auf 4 Wochen begrenzt (Verlängerung nach Begutachtung durch den medizinischen Dienst der Krankenkassen ist möglich).

8.7 Pflegeversicherung

Bei den Regelungen zur Pflegeversicherung hat der Gesetzgeber den Vertragsarzt nicht einbezogen. Kenntnisse des Versicherungsrahmens sind aber für den Arzt notwendig, um seine Patienten zu beraten. Er kann die Antragstellung anregen, die angemessene Einstufung überprüfen und ggf. Rechtsmittel des Patienten stützen. Inwieweit niedergelassene Ärzte an Rehabilitationsmaßnahmen im Rahmen der Pflegeversicherung beteiligt werden, ist derzeit noch offen.

Nach den Pflegebedürftigkeitsrichtlinien von 1984 und 1985 ist Pflegebedürftigkeit (§ 14 SGB XI) definiert als Prozeß, der durch präventive, therapeutische und rehabilitative Maßnahmen und durch aktivierende Pflege beeinflußbar ist. Letztere soll gemeinsam mit den Rehabilitationsmaßnahmen den Pflegebedürftigen helfen, eine möglichst weitgehende Selbständigkeit im täglichen Leben zu fördern, zu erhalten und wiederherzustellen. Dabei soll angestrebt werden, daß geistig und seelisch Behinderte, psychisch Kranke und verwirrte Menschen sich in ihrer Umgebung und zeitlich wieder zurechtfinden. Pflegekassen, medizinischer Dienst der Krankenkassen, ambulante, teil- und vollstationäre Pflegeeinrichtungen wie Pflegepersonen sind verpflichtet, geeignete Maßnahmen zur Selbstversorgung und Kommunikation vorzuschlagen und zu veranlassen.

Pflegebedürftigkeit kann bei geistigen oder seelischen Erkrankungen vorliegen, die mit erheblichen Antriebs-, Gedächtnis- oder Orientierungsstörungen einhergehen, wie auch bei Persönlichkeitsveränderungen durch Psychosen, Neurosen oder geistige Behinderung.

Pflegebedürftigkeit auf Dauer liegt vor, wenn Patienten länger als 6 Monate hilfsbedürftig bleiben. Zu unterscheiden sind folgende drei Pflegestufen:

- **Pflegestufe I** – erhebliche Pflegebedürftigkeit (sie liegt vor bei mindestens einmal täglich erforderlichem Hilfebedarf mit zwei Verrichtungen aus Bereichen der Körperpflege, Ernährung oder Mobilität)
- **Pflegestufe II** – Schwerpflegebedürftigkeit (diese liegt vor bei mindestens dreimal täglich zu verschiedenen Zeiten erforderlichem Hilfebedarf bei Körperpflege, Ernährung und Mobilität)
- **Pflegestufe III** – Schwerstpflegebedürftigkeit (diese liegt vor, wenn jederzeit eine Pflegeperson unmittelbar erreichbar sein muß in Form einer Rund-um-die-Uhr-Betreuung)

Die Leistungen bei Pflegebedürftigkeit sind bei der Pflegekasse zu beantragen, die der Krankenkasse angegliedert ist. Die Pflegekasse veranlaßt eine Prüfung durch den medizinischen Dienst der Krankenkassen. Dieser führt eine Untersuchung im Lebensbereich des Patienten durch und holt Auskünfte bei den behandelnden Ärzten des Patienten ein, insbesondere den Hausärzten. Aus den Heimen bzw. den Pflegeeinrichtungen wird die Pflegedokumentation herangezogen.

Aufgrund der Beurteilung in Form eines standardisierten Gutachtens durch den medizinischen Dienst, das zu den Voraussetzungen für Pflegebedürftigkeit, zur Pflegestufe und zum Pflegeaufwand Stellung nehmen soll, trifft die Pflegekasse die Entscheidung über Pflegebedürftigkeit und Pflegestufe. Gegen den Bescheid ist Widerspruch möglich; es erfolgt sodann eine erneute Begutachtung bzw. eine Zweitbegutachtung durch einen anderen Gutachter, die ebenfalls in häuslicher Umgebung oder in der Pflegeeinrichtung zu erfolgen hat.

Neben der Pflegeversicherung kann auch die örtliche Sozialhilfe Hilfe zur Pflege übernehmen. Die Begutachtung übernimmt hier das Gesundheitsamt.

8.8 Haushaltshilfe

In begründeten Fällen kann die Krankenkasse dem Versicherten eine Haushaltshilfe gewähren. Der Anspruch besteht nur, wenn im Haushalt ein Kind lebt, welches das 12. Lebensjahr noch nicht vollendet hat oder behindert ist oder auf Hilfe angewiesen ist. Der Anspruch ist auch davon abhängig, ob eine weitere im Haushalt lebende Person den Haushalt noch weiterführen kann.

8.9 Tagesstätten und psychosoziale Beratungsstellen

Vielerorts sind in freier Trägerschaft Tagesstätten entstanden, die oft mit psychosozialen Beratungsstellen assoziiert sind. In psychosozialen Beratungsstellen haben Patienten die Möglichkeit, sich zwanglos zu treffen. Als Betroffene unter Betroffenen finden sie eine vorurteilsfreie Atmosphäre, die ein soziales Training und eine sinnvolle Freizeitgestaltung zuläßt. In Tagesstätten wird zusätzlich die Möglichkeit tagesstrukturierender Maßnahmen genutzt (feste Zeiten, festgelegte Aufgaben).

Tagesstätten und psychosoziale Beratungsstellen haben zuweilen einen eigenen therapeutischen Anspruch, der die Möglichkeiten des Patienten übersteigt. Dies ist vor allem dann der Fall, wenn die Arbeit nicht supervidiert wird und die Kommunikation mit dem behandelnden Arzt fehlt.

Patientenclubs werden vielfach von psychiatrischen Kliniken für entlassene Patienten angeregt und manchmal auch betreut. Hier ist die Möglichkeit für ein stundenweises geselliges Beisammensein gegeben, aus dem sich auch Verabredungen für den Freizeitbereich entwickeln können.

8.10 Ergotherapie

Unter dem traditionellen Namen Beschäftigungstherapie fand sich Ergotherapie schon immer in psychiatrischen Krankenhäusern, wo sie als kreative oder übende Tätigkeit vor allem bei akut Kranken – auch als Gruppenbehandlung – angewandt wurde und wird. Zuweilen dient sie auch der Vorbereitung für eine Arbeitstherapie oder ein Arbeitstraining.

Die neuen Entwicklungen der Ergotherapie umfassen komplexe Programme, z.B. soziale Trainingsprogramme oder Maßnahmen zum Training sozialer Kompetenz. Auch Anleitung zur Selbsthilfe im lebenspraktischen Bereich und im Bereich gezielter Freizeitgestaltung ist enthalten. Ganz allgemein vermittelt der Ergotherapeut dem körperlich oder psychisch Kranken Bewältigungsstrategien, die ihm ermöglichen, unter Nutzung vieler Hilfen ein weitgehend selbständiges Leben zu führen.

Die ergotherapeutischen Maßnahmen sollten den individuellen Bedürfnissen des Patienten angepaßt und nicht Selbstzweck sein. Nicht jeder Patient hat handwerkliche, künstlerische oder sonstige kreative Begabungen.

Ergotherapie kann seit einigen Jahren als Heilmittel (s. Kap. 3) auch ambulant verordnet werden. Allerdings findet sich bisher nur eine kleine Zahl von ausgebildeten Ergotherapeuten, die in eigener Praxis tätig sind.

8.11 Werkstatt für Behinderte

In beschützenden Werkstätten wird produktive Arbeit unter Bedingungen verrichtet, die sich auf den Behinderungsgrad des Kranken einstellen. In Werkstätten für Behinderte sind überwiegend geistig Behinderte tätig, die hier eine sinnvolle Beschäftigungsmöglichkeit finden, die den Tag strukturiert, soziale Kontakte sicherstellt und die Möglichkeit gibt, etwas zu leisten und dafür Anerkennung zu finden.

Für den psychisch Behinderten ist die Werkstatt für Behinderte im allgemeinen weniger geeignet, allenfalls können hier befristete Belastungserprobungen im Bereich der Arbeitstherapie durchgeführt werden.

Für den psychisch Kranken wurden Übungswerkstätten eingerichtet, die das Arbeitsverhalten trainieren und auf das Arbeitsleben vorbereiten sollen. Fast überall herrscht ein Mangel an adäquaten Arbeitsmöglichkeiten für den schwerer psychisch kranken Menschen.

8.12 Selbsthilfegruppen

Selbsthilfegruppen haben bei Suchterkrankungen eine lange Tradition. Sie erwiesen sich hier als äußerst effizient für die Aufrechterhaltung der Abstinenz. Selbsthilfegruppen für psychisch Kranke werden oft von Betroffenen gegründet, etwa Gruppen für Angstkranke, Zwangskranke oder Depressive. Sie erweisen sich in der Regel als instabil. Die Anbindung von Selbsthilfegruppen an einen freien Träger ermöglicht mehr Strukturierung und größere Konstanz, wodurch der Charakter der Selbsthilfe jedoch auch verlorengehen kann.

Gelegentlich suchen Selbsthilfegruppen einen beratenden Arzt, der ebenfalls zur Strukturierung der Arbeit beitragen kann. Vom Grundsatz her sind Selbsthilfegruppen und ambulante ärztliche

Behandlung sich ergänzende Bereiche. In manchen Bundesländern sind die KVen an der Koordinierung der Selbsthilfegruppen beteiligt. Anschriften von Selbsthilfegruppen finden sich im Anhang.

8.13 Sozialpsychiatrischer Dienst

Sozialpsychiatrische Dienste sind überwiegend an den Gesundheitsämtern angesiedelt und werden nur ganz selten von freien Trägern organisiert. Die Anbindung an ein Amt bedeutet für viele Patienten Kontrolle und Abhängigkeit, so daß die gebotene qualifizierte Hilfe oft nicht angenommen wird.

Im Rahmen einer aufsuchenden Tätigkeit betreut der sozialpsychiatrische Dienst Patienten, die nicht in der Lage oder willens sind, in die Sprechstunde zu kommen. Auch im Rahmen der Nachsorge wird der sozialpsychiatrische Dienst tätig, was in den Unterbringungsgesetzen der Länder geregelt ist. Für den niedergelassenen Arzt ist die Einschaltung des sozialpsychiatrischen Dienstes bei der Versorgung schwieriger Patienten eine große Hilfe, die allerdings nur dann funktioniert, wenn entsprechende Kommunikationsstrukturen aufgebaut wurden.

8.14 Vernetzung der komplementären Versorgungsangebote

Es kommt vor, daß ein psychisch kranker Patient zum Beispiel gleichzeitig von einem Sozialarbeiter in seiner Wohnung betreut wird, bei einem ambulant tätigen Ergotherapeuten in Behandlung ist und eine Tagesstätte für psychisch Kranke besucht. Dies geschieht zuweilen oder sogar überwiegend zufällig und wird nicht koordiniert, mit dem Ergebnis, daß der Patient mit unterschiedlichen, zum Teil gegenläufigen Konzepten konfrontiert wird, die ihn in Verwirrung bringen. Aus sich ergänzenden werden konkurrierende Maßnahmen.

Es spiegelt sich wider, daß die Träger und Einrichtungen im psychosozialen Bereich untereinander, aber auch mit Ärzten, Psychologen und stationären Einrichtungen konkurrieren. Um diesem Mangel abzuhelfen, wurden in den Städten und Kommunen vielfach Psychiatrie-Facharbeitskreise und psychosoziale Arbeitsgemeinschaften eingerichtet, die die Kommunikation untereinander verbessern sollen, dies mit dem Ziel einer sinnvollen Vernetzung der Dienste bei der Versorgung von psychisch kranken Menschen.

Nervenärzte/Psychiater sind in solchen Gremien nicht regelhaft integriert. Während die psychosozialen Dienste während ihrer Regelarbeitszeit zu den Sitzungen gehen, können Ärzte nur am Mittwochnachmittag in ihrer Freizeit teilnehmen. Dem Arzt, der für solche Gremien unverzichtbar ist, müßten hier Rahmenbedingungen gegeben werden, die sein Engagement praktikabel und zumutbar machen.

9 Gutachtertätigkeit

9.1 Aufgabe als Sachverständiger

Angesichts der weiten Verbreitung psychischer Störungen und der häufig damit verbundenen rechtlichen Fragen macht das Gericht im Straf-, Zivil- und Sozialrecht häufig davon Gebrauch, Psychiater als Sachverständige hinzuzuziehen. Juristische Grundkenntnisse sind daher für jeden psychiatrisch tätigen Arzt wichtig, um so mehr, als sich juristische und medizinische Begriffe vielfach nicht decken.

Der Ernennung zum Sachverständigen durch das Gericht ist grundsätzlich Folge zu leisten, sofern nicht gesundheitliche Gründe oder Befangenheit vorliegen. Der entsprechende Auftrag erfolgt schriftlich und enthält im allgemeinen die detaillierten Fragen, zu denen das Gericht eine sachverständige Hilfe erwartet.

Ist der Benannte damit überfordert, muß er das Gericht darauf hinweisen. Selbstverständlich muß der Sachverständige streng neutral, d.h. als Gutachter tätig werden und nicht etwa als Betreuer oder Therapeut. Dem Probanden ist zu Beginn der Untersuchung mitzuteilen, daß die gewonnenen Ergebnisse nicht der Schweigepflicht unterliegen und dem Gericht dargelegt werden müssen.

Der medizinische Sachverständige hat dem Gericht die erforderliche Sachkunde zu vermitteln, um zu einem sachgerechten Urteil zu kommen. Gegenüber der Polizei besteht allerdings für nichtbeamtete Ärzte keinerlei Gutachterpflicht; so ist der private Arzt nicht verpflichtet, auf Aufforderung der Polizei Blutproben zu entnehmen o.ä.

Der Sachverständige erstattet in der Regel ein (vorläufiges) schriftliches **Gutachten,** das er in der Hauptverhandlung zu erläutern hat. Entscheidend für das Urteil des Gerichtes ist die mündlich vorgetragene Bewertung. Diese kann vom schriftlichen Gutachten abweichen, wenn in der Hauptverhandlung neue Gesichtspunkte zur Sprache kommen. Die Erstattung eines vorsätzlich falschen (eidlichen oder uneidlichen) Gutachtens kann geahndet werden. Häufigste Fehler bei der Gutachtenerstattung sind eine Überdehnung des Beweisauftrages mit Antworten auf nicht gestellte Fragen und der Gebrauch einer schwer verständlichen Fachsprache. Immer muß zudem klar sein, daß psychologische Konstrukte keine wissenschaftlich beweisbaren Fakten sind, sondern schulenabhängigen Hypothesen entstammen.

Im großen und ganzen sieht der Aufbau des schriftlichen Gutachtens folgendermaßen aus:

- Einleitung mit Fragestellung
- Aktenauszug
- Untersuchungen
- Diagnose
- Schlußfolgerung
- Beantwortung der gestellten Fragen

Die Untersuchungen umfassen:

- ausführliche Anamnese
- allgemein-körperlicher und neurologischer Befund
- psychopathologischer Befund
- evtl. apparative Diagnostik (EEG, Labor, CCT etc.)
- evtl. testpsychologische Diagnostik

Die weitaus meisten psychiatrischen Begutachtungen finden unter ambulanten Bedingungen statt. Dies bedeutet, daß z.B. Untersuchungshäftlinge in Polizeibegleitung in der Praxis erscheinen. Die Begleitung sollte jedoch während der körperlichen und psychiatrischen Untersuchung nicht im Raum anwesend sein; die Handfesseln sind abzunehmen. Eine körperliche Untersuchung gegen den ausdrücklichen Willen des Probanden sollte nicht durchgeführt werden.

Erfolgt eine Untersuchung in der entsprechenden Justizeinrichtung, sollten unbedingt die notwendigen Geräte mitgenommen werden, auch wenn in der Haftanstalt eine Sanitätseinheit oder Krankenabteilung besteht. Erforderlich sind Reflexhammer, Augenspiegel, Stethoskop und Blutdruckmeßgerät. Mit Erlaubnis des Häftlings können unterstützend Tonbandaufzeichnungen auf einem

Diktiergerät angefertigt werden. Es empfiehlt sich, die geplante Untersuchung zuvor mit der Verwaltung der Haftanstalt abzusprechen; vorzulegen an der Pforte sind Personalausweis und schriftlicher Gutachtenauftrag, Taschen und andere Behältnisse sind vorzuzeigen.

Die Tätigkeit als Sachverständiger vor Gericht wird nach dem „Gesetz über die Entschädigung von Zeugen und Sachverständigen" (ZSEG) in der derzeit gültigen Fassung vom 01.07.1994 entschädigt. Sie beträgt – in Abhängigkeit von der Schwierigkeit der Leistung – 50 bis 100 DM pro Stunde, wobei die letzte, bereits begonnene Stunde voll gerechnet wird. Dieser Satz kann in Ausnahmefällen um bis zu 50% überschritten werden.

Ein Entschädigungsanspruch besteht nur, wenn das Gutachten als persönliche Leistung des Sachverständigen gewertet werden kann; es genügt z.B. nicht die bloße Unterzeichnung eines Gutachtens, das im wesentlichen von Hilfspersonen oder Mitarbeitern angefertigt wurde. Diese haben auch keinen Entschädigungsanspruch.

Der Entschädigungsanspruch entfällt, wenn die Fertigstellung des Gutachtens durch Verschulden des Sachverständigen unterbleibt oder jenes – durch grobe Fahrlässigkeit – unverwertbar ist. Er wird gekürzt, wenn das Gutachten unverhältnismäßig teuer oder der Gutachtenauftrag überschritten wird. In die Gutachtenrechnung werden aufgenommen:

- Zeitaufwand für vorbereitende Arbeiten (Studium der Akten, Beschaffung von Unterlagen)
- Zeitaufwand für die Untersuchung (einschl. Fremdanamnese)
- Zeitaufwand für Abfassung und Diktat des Gutachtens
- Wege-, Reise- und Wartezeiten
- Schreibgebühren und Porto

Nicht abrechnungsfähig sind das Studium von Fachliteratur (außer in seltenen Ausnahmefällen), die Vorprüfung der Frage, ob das Gutachten überhaupt erstattet werden kann, und die Anfertigung eines Aktenauszuges.

Die eingangs genannten Entschädigungsregelsätze können überschritten werden, wenn eine ungewöhnlich komplizierte Fragestellung einen besonderen Aufwand begründet, z. B. eine Auseinandersetzung mit der wissenschaftlichen Lehre in Form selbständiger und kritischer Stellungnahme zu verschiedenen wissenschaftlichen Meinungen bei umstrittener Fragestellung.

Honoriert werden auch die Zeit der Anwesenheit vor Gericht einschließlich Vorbereitungs-, Wege- und Pausenzeit sowie Reisekosten. Ein Anspruch auf Ersatz der Praxiskosten, die in der Zeit der Vorbereitung und Erstattung des Gutachtens anfallen, besteht nicht. Die durch Inanspruchnahme der Sprechstundenhilfe entstandenen Aufwendungen sind jedoch erstattungspflichtig.

Die Schreibgebühren betragen derzeit pauschal 4 DM pro Seite des schriftlichen Gutachtens. Kopien werden (bis zu 50 Seiten) mit 1 DM bzw. (über 50 Seiten) 0,30 DM entschädigt. Die Entschädigung für eine elektrophysiologische (elektroenzephalographische) Untersuchung beträgt 20 DM bis 180 DM.

Der Honoraranspruch wird vom Gericht geprüft und durch Beschluß festgesetzt; Beschwerdemöglichkeit dagegen besteht beim zuständigen Amtsgericht.

Ein als sachverständiger Zeuge beauftragter Arzt, der über einen Patienten dann einen schriftlichen Befundbericht abgibt, wird wie ein Sachverständiger für die Ausstellung eines Befundscheins oder die Erteilung einer schriftlichen Auskunft ohne nähere gutachterliche Äußerung entschädigt (derzeit 20 bis 40 bzw. 60 DM). Ansonsten gelten die Entschädigungssätze für Zeugen (Verdienstausfall und Reisekosten).

9.2 Verhandlungs- und Haftfähigkeit

Im Vorfeld einer Verhandlung bzw. bei in Untersuchungshaft Befindlichen kann sich die Frage nach deren Vernehmungs-, Verhandlungs- und Haftfähigkeit aus psychiatrischer Sicht stellen. Hierzu hat der zugezogene Arzt die Ergebnisse seiner Befunderhebung darzulegen und zu bewerten.

Die **Vernehmungsfähigkeit** entspricht etwa der Einwilligungsfähigkeit für ärztliche Eingriffe (s. Kap. 3). Der Beschuldigte oder Angeklagte soll in der Lage sein, die ihm gegenüber erhobenen Vorwürfe zu verstehen und sich zu ihnen zu äußern. Dies beinhaltet die Fähigkeit zu einer inhaltlich geordneten Kommunikation, die der Psychiater aufgrund seiner Untersuchungsergebnisse zu beurteilen hat. Diese Fähigkeit ist erst bei schweren Bewußtseins- und Wahrnehmungsstörungen aufgehoben.

Verhandlungsfähigkeit setzt Verständnis dafür voraus, den Gegenstand des Verfahrens zu erkennen, der Hauptverhandlung geistig zu folgen und den eigenen Standpunkt vernünftig zu vertreten. Sie entspricht etwa der Geschäftsfähigkeit (s. Kap. 9.6). Das Mindestmaß an geistigem Spielraum ist meist nur bei schweren psychischen Beeinträchtigungen aufgehoben, die zu verifizieren sind.

Haftunfähigkeit liegt vor, wenn eine akute Erkrankung, insbesondere mit Suizidalität, vorliegt oder der Inhaftierte durch die Haft einer erhöhten Lebensgefahr ausgesetzt ist. Sie impliziert eine Aufhebung oder Unterbrechung der Haft, wenn eine Behandlung in einem öffentlichen Krankenhaus erfolgen muß. Die Alternative besteht in einer Verlegung in ein Justizvollzugskrankenhaus, das aber in der Regel nicht über ausreichende psychiatrische Kompetenz verfügt.

9.3 Gesetzliche Betreuung

An die Stelle des früheren Vormundschafts- und Pflegschaftsrechtes ist seit dem 01.01.1992 das Betreuungsgesetz (BtG) getreten. Danach kann lt. § 1896 BGB vom Vormundschaftsgericht ein Betreuer für einen psychisch kranken Volljährigen auf seinen Antrag hin oder von Amts wegen bestellt werden, wenn dieser aufgrund einer psychischen Erkrankung oder anderer Behinderungen nicht in der Lage ist, seine Angelegenheiten ganz oder teilweise zu besorgen. Zuständig ist das Amtsgericht, in dessen Bereich der Patient seinen „gewöhnlichen Aufenthalt“ hat.

Ist ein solcher Antrag gestellt, prüft das Vormundschaftsgericht nach Einholung eines ärztlichen Gutachtens und eigener Anhörung des Betroffenen den Umfang der Betreuung; diese kann beispielsweise die Aufgabenbereiche Gesundheitsfürsorge, Wohnungsangelegenheiten und/oder Regelung finanzieller Angelegenheiten betreffen. Die Anhörung kann entfallen, wenn dadurch erhebliche Nachteile für die Gesundheit des Betroffenen zu befürchten sind oder er nicht in der Lage ist, seinen Willen kundzutun. In diesem Fall wird ihm ein Verfahrenspfleger an die Seite gestellt. Die Dauer der Betreuung muß nach spätestens fünf Jahren überprüft werden.

Das Gericht bestimmt den Betreuer und bezeichnet dessen Aufgabenkreise, gegen diese Entscheidung stehen dem Patienten Rechtsmittel zu.

Das Gesetz sieht die Möglichkeit einer Eilentscheidung vor, d.h. das Gericht kann durch eine einstweilige Anordnung einen vorläufigen Betreuer bestellen oder einen vorläufigen Einwilligungsvorbehalt anordnen, wenn eine akute gesundheitliche Gefährdung droht (sog. Eilbetreuung). Diese Anordnung darf die Dauer von sechs Monaten nicht überschreiten, kann aber nach Anhörung des Sachverständigen auf ein Jahr verlängert werden.

Das ärztliche Gutachten soll Stellung nehmen zu Beschwerden und Vorgeschichte, die Untersuchungsergebnisse darlegen und eine Beurteilung einschließlich Prognose abgeben. Als Erkrankung kommen am ehesten Demenzerkrankungen und Abhängigkeitskrankheiten, chronische Psychosen und schwerere geistige Behinderungen in Frage.

Sowohl für gefährlichere Heilbehandlungen wie auch zur Zwangsunterbringung muß die zusätzliche Genehmigung des Vormundschaftsgerichtes eingeholt werden. Auch die Kündigung oder Aufhebung des Mietverhältnisses bedarf dessen Genehmigung. Häusliche Maßnahmen im Rahmen der Familienpflege bleiben allerdings genehmigungsfrei.

9.4 Rentenverfahren

In der Sozialgerichtsbarkeit wird der psychiatrische Sachverständige zu Fragen der Erwerbs- und Berufsfähigkeit in Anspruch genommen. (Arbeits- und Dienstfähigkeit s. Kap. 3).

Berufsunfähigkeit nach § 1246 RVO liegt vor, wenn die Erwerbsfähigkeit infolge einer Erkrankung auf die Hälfte derjenigen eines Gesunden mit ähnlicher Ausbildung und gleichwertigen Kenntnissen herabgesunken ist.

Erwerbsunfähig lt. § 1247 RVO ist jemand, der infolge von Krankheit oder anderen Gebrechen auf nicht absehbare Zeit nicht mehr regelmäßig erwerbstätig sein kann (Beurteilung der Behinderung s. Kap. 3.17). Berufs- oder Erwerbsunfähigkeit begründen einen Anspruch auf Berentung. Zuvor sind jedoch Rehabilitationsmöglichkeiten zu prüfen. Im Schwerbehindertengesetz (SchwbG) sind Vergünstigungen nur für mindestens zu 50% in ihrer Erwerbsfähigkeit beeinträchtigte Personen vorgesehen.

Nach einem Rentenantrag samt Attest beim zuständigen Sozialversicherungsträger bzw. Versorgungsamt erfolgt zunächst ein Bescheid mit Rechtsmittelbelehrung. Das Attest zur „Vorlage bei der gesetzlichen Rentenversicherung“ soll neben Anamnese, Befunden und Diagnosen in der abschließenden Beurteilung insbesondere Stellung nehmen zu folgenden Punkten:

- Einschränkung der Leistungsfähigkeit im zuletzt ausgeübten Beruf und im allgemeinen Erwerbsleben
- verbliebene Leistungsfähigkeit im bisherigen Beruf und auf dem allgemeinen Arbeitsmarkt
- Prognose unter Berücksichtigung der bisherigen Erfahrungen des Krankheitsverlaufes
- Erfolgswahrscheinlichkeit von medizinischen und beruflichen Rehabilitationsmaßnahmen (s. auch Kap. 8)

Bei Ablehnung kann dagegen bei der Behörde Widerspruch eingelegt werden, worauf ein Widerspruchsbescheid, ebenfalls mit Rechtsmittelbelehrung, erfolgen muß. Innerhalb eines Monats kann beim zuständigen Sozialgericht dagegen Klage erhoben werden; Sozialgerichte entscheiden in Angelegenheiten der Krankenversicherung, Unfallversicherung, Rentenversicherung sowie Arbeitslosen- und Kriegsopferversicherung, außerdem zum Schwerbehindertenrecht, bei Entschädigung von Verbrechensopfern und Streitigkeiten aufgrund des Erziehungsgeldgesetzes. Auf Antrag des Betroffenen hin kann ein Gutachten von einem Arzt seines Vertrauens eingeholt werden. Dieses wird – im Gegensatz zu Strafprozessen – nicht zwingend in der Verhandlung noch einmal mündlich vorgetragen.

Auch bei mehr oder weniger offenkundigem Rentenbegehren darf der gutachterliche Untersucher nie anzüglich, gereizt oder gar aggressiv reagieren, sondern muß seine Befunde sachlich dokumentieren. Der Übergang zwischen Simulation, Aggravation und „bewußtseinsferner“ Habituation ist fließend; funktionelle Körperstörungen bzw. Konversionssymptome beeinträchtigen indessen nur selten das tatsächliche Leistungsvermögen bis zur Erwerbsunfähigkeit.

Einbußen der Erwerbsfähigkeit sind auf psychiatrischem Gebiet am ehesten zu erwarten bei chronischen Psychosen, vor allem mit deutlichem Residuum oder spürbarer Persönlichkeitsveränderung, hirnorganischer Leistungsminderung nach Verletzungen u.ä., dementiellen Prozessen bei früheinsetzenden Systemerkrankungen (z.B. Chorea Huntington, M. Alzheimer, M. Parkinson) oder unter chronischen Alkoholschädigungen.

Vor der Rentengewährung überprüft der Versicherungsträger stets, ob Maßnahmen der medizinischen und beruflichen Rehabilitation erfolgversprechend sind. Gemäß § 7 des Rehabilitationsangleichungsgesetzes (Reha G) sollen Renten erst gewährt werden, wenn alle rehabilitativen Möglichkeiten zuvor ausgeschöpft sind („Rehabilitation vor Rente") oder diese als nicht erfolgversprechend eingeschätzt werden. Laut § 1236 RVO kann der Träger der Rentenversicherung Leistungen zur Rehabilitation erbringen, wenn die Erwerbsfähigkeit durch diese Leistungen wesentlich gebessert oder wiederhergestellt werden kann oder dadurch der Eintritt von Berufs- oder Erwerbsunfähigkeit abgewendet werden kann (s. Kap. 8).

Wenn begründete Aussicht besteht, daß durch Rehabilitationsmaßnahmen oder anderweitig Berufs- oder Erwerbsunfähigkeit behoben werden kann, kann eine Rente auf Zeit gewährt werden, in der Regel für längstens 3 Jahre, im Sonderfall auch für längstens 6 Jahre.

Im sozialen Entschädigungsrecht spielt der Begriff **„Minderung der Erwerbsfähigkeit" (MdE)** eine besondere Rolle. Er bezieht sich auf die Auswirkungen einer Behinderung oder Schädigungsfolge in allen Lebensbereichen und nicht nur auf Einschränkungen im allgemeinen Erwerbsleben. Die MdE gibt insgesamt den **Grad der Behinderung (GdB)** auf körperlichem, geistigem oder seelischem Gebiet wieder.

Daraus ist allerdings nicht auf das Ausmaß der Leistungsfähigkeit zu schließen; die MdE ist grundsätzlich unabhängig vom ausgeübten oder angestrebten Beruf zu beurteilen, d.h. die Anerkennung von Berufs- oder Erwerbsunfähigkeit durch einen Rentenversicherungsträger oder die Feststellung einer Dienst- oder Arbeitsunfähigkeit erlauben keine Rückschlüsse auf den Grad der MdE und umgekehrt (s. auch Kap. 3.17).

Eine MdE setzt eine nicht nur vorübergehende, sondern eine Gesundheitsstörung voraus, die sich über einen Zeitraum von mehr als 6 Monaten erstreckt. Liegen mehrere Behinderungen oder Schädigungsfolgen vor, wird die Gesamt-MdE ermittelt, jedoch nicht durch einfache Addition der einzelnen MdE-Werte. Maßgebend sind die Auswirkungen der einzelnen Behinderungen in ihrer Gesamtheit unter Berücksichtigung ihrer Beziehungen zueinander. Dabei ist von der Behinderung auszugehen, die den höchsten Einzel-MdE-Grad bedingt, und dann mit Hinblick auf alle weiteren Behinderungen zu prüfen, ob und inwieweit hierdurch die Hauptbehinderung zusätzlich vergrößert wird.

Die MdE wird in Vomhundertsätzen angegeben; hierzu gibt es entsprechende Tabellen. Die in diesen Tabellen niedergelegten Sätze berücksichtigen in der Regel die bekannten seelischen Begleiterscheinungen einer körperlichen Erkrankung. Gehen jene jedoch erheblich über die üblichen psychischen Begleitbeeinträchtigungen hinaus, ist eine höhere Bewertung berechtigt. Außergewöhnliche seelische Begleiterscheinungen sind beispielsweise anzunehmen, wenn Belastungs- und Anpassungsreaktionen in einer Ausprägung vorliegen, die eine spezielle psychiatrische oder psychotherapeutische Behandlung erforderlich macht. Ähnliches gilt für die Berücksichtigung von Schmerzen.

Im Bereich „Nervensystem und Psyche“ gelten folgende MdE- Sätze:

Erkrankung	**MdE (in %)**
psychische Störungen (Hirnleistungsschwäche, Wesensänderung, Anpassungsstörung) bei Hirnschädigung je nach Ausmaß	40 – 100
vegetative Symptome, Schwindel, Schlafstörungen bei Hirnschädigung	30 – 60
leichte bis mittelschwere Lern- und geistige Behinderung	30 – 70
schwerer bis hochgradiger Intelligenzmangel	80 – 100
floride Psychose	50 – 100
postpsychotischer Residualzustand je nach Ausprägung	0 – 100
bipolare Störung mit häufigen Phasen	30 – 50

zyklothymes Residuum	30 – 50
neurotische und Persönlichkeitsstörung in leichter Form	0 – 10
neurotische und Persönlichkeitsstörung in mittelschwerer Form	20 – 40
neurotische und Persönlichkeitsstörung in schwerer Form mit ausgeprägten sozialen Anpassungsschwierigkeiten	50 – 100
Alkoholismus, Alkoholabhängigkeit	mind. 50
Alkoholabhängigkeit in der Entziehungsbehandlung während 2 Jahren	30
Drogenabhängigkeit je nach Ausmaß	50 – 100
Drogenabhängigkeit nach Entziehungsbehandlung während 2 Jahren	30

Sämtliche vorgefundenen Gesundheitsstörungen sind zu beschreiben und zu benennen (d.h. auch nicht geltend gemachte!), allerdings innerhalb der Erörterung zur Zusammenhangsfrage von den Schädigungsfolgen abzugrenzen. Letzteres ist jedoch oft z.B. bei länger zurückliegenden Schädigungen und deren Spätfolgen in Kombination mit Alterskrankheiten nur sehr schwer in der gewünschten Klarheit möglich.

Im Interesse der Solidargemeinschaft aller Versicherten ist es sozialmedizinisch unverantwortlich, wenn ein behandelnder Arzt voreilig und ungerechtfertigt unter Mißachtung von Vorgehensweise, Aufgaben und Zielsetzung der medizinischen Begutachtung von vornherein Berufsunfähigkeit oder Erwerbsunfähigkeit bescheinigt oder behauptet oder den Patienten nicht von vornherein auf die Möglichkeiten der Rehabilitation aufmerksam macht.

9.5 Fahrtauglichkeit (Fahreignung), Fahrtüchtigkeit

Die Erteilung oder Wiedererlangung der Fahrerlaubnis nach Entzug wird bisweilen von der Vorlage eines psychiatrischen Gutachtens abhängig gemacht.

Im Gegensatz zur medizinisch-psychologischen Begutachtung durch die Technischen Überwachungsvereine, die eher global die psychophysische Leistungsfähigkeit überprüfen, ist bei definierten psychischen Störungen und Erkrankungen eine fachpsychiatrische Beurteilung notwendig; eingeschlossen ist die prognostische Frage, ob für einen absehbaren Zeitraum mit der Gefahr eines plötzlichen Versagens der zur Fahr- und Verkehrstüchtigkeit notwendigen apperzeptiven, kognitiven, emotionalen und motorischen Leistungsfähigkeit zu rechnen ist.

Im Straßenverkehr bestimmen qualitativ wie quantitativ hauptsächlich die Bereiche Vigilanz/Wahrnehmung/Reagibilität und Affektivität/emotionale Steuerung/Impulskontrolle das Selbst- und Fremdgefährdungsrisiko und somit aktuelle Fahrtüchtigkeit wie generelle Fahrtauglichkeit (Eignung).

Etwa 5% der Untersuchungsfälle an den medizinisch-psychologischen Untersuchungsstellen betreffen neurologisch-psychiatrische Fragestellungen, ausgenommen die alkoholbedingten Verkehrsdelikte. Von diesen Institutionen werden des öfteren Zusatzbegutachtungen angeregt. Nur selten kommt es vor, daß ein Patient zur eigenen Sicherheit überprüft wissen möchte, ob bei ihm im Zusammenhang mit seiner Erkrankung Fahrtauglichkeit besteht.

Da der Führerschein bzw. die Fahrerlaubnis ein begehrtes Prestigeobjekt darstellt, wird eine Verneinung der Fahrtauglichkeit meist als schwere Kränkung empfunden. Besonders gilt es für psychisch kranke Menschen, die sich häufig zu unrecht diffamiert fühlen.

Je nach Krankheit, insbesondere Akuität und Ausprägung sowie unter zusätzlicher Beurteilung von Charakter, Belastbarkeit, Alter, zu erwartendem weiteren Krankheitsverlauf und Therapiemöglichkeiten einschließlich deren Begleitwirkungen wird die Fahrtauglichkeit wie folgt beurteilt: voll gegeben (geeignet), bedingt gegeben (teilweise geeignet), nicht vorhanden (nicht geeignet).

Folgende **Leitlinien** sind zu beachten:

- Akut psychotisch Kranke sind immer und generell als fahruntauglich anzusehen. Als Kraftfahrer ist auch derjenige ungeeignet, bei dem mit dem Ausbruch einer Psychose jederzeit gerechnet werden muß.

- Bei nicht akuter schizophrener Psychose ist differenziert zu urteilen; dessen ungeachtet ist das Vorliegen einer Schizophrenie nicht mit einer Zulassung zum Schwerlastverkehr und zur Personenbeförderung vereinbar.
- Nach einer einmaligen psychotischen Episode sollte Symptomfreiheit über mindestens 6 Monate bestehen, ehe eine Fahrerlaubnis erteilt wird. Bei einer Wiedererkrankung wird als Voraussetzung ein 3- bis 5jähriges krankheitsfreies Intervall gefordert. Ein Rezidiv nach einer Frist von über 10 Jahren wird wie eine Ersterkrankung bewertet.
- Bei Residualzuständen nur geringer Ausprägung mit guter sozialer Anpassung ist eher von einer Fahrtauglichkeit auszugehen; eine neuroleptische Langzeittherapie ist kein ausreichender Grund gegen eine Fahrtauglichkeit.
- Ebenfalls besteht bei akuter affektiver Psychose bzw. bipolarer Störung stets Fahruntauglichkeit. Auf den ersten Blick erscheinen manische Patienten hinsichtlich der Fahrtauglichkeit als problematischer, es gibt jedoch eine hohe Dunkelziffer depressiver Patienten, die mit dem Kraftfahrzeug Suizid begehen (Schätzungen bewegen sich zwischen 0,15% und 3% aller tödlichen Verkehrsunfälle). Insbesondere „unklare Unfälle“ (Abkommen von der Fahrbahn, überhöhte Geschwindigkeit, Auffahrunfälle und solche unter Alkoholeinwirkung) sind häufig als Selbsttötungsversuche zu bewerten. Nach Abklingen der affektiven Phase liegt bei unkompliziertem Verlauf Fahrtauglichkeit vor.
- Einen Großteil der Verkehrsdelinquenten stellt die Gruppe persönlichkeitsgestörter und neurotischer Personen dar. Innere Spannungen, Aggressivität, Ärger und Unzufriedenheit können zur Einbuße der Fahr- und Verkehrstüchtigkeit führen bis hin zu Kurzschlußreaktionen, vor allem, wenn gleichzeitig Alkohol, Drogen und/oder Medikamente konsumiert werden.
- Entzug oder Versagung der Fahrerlaubnis sind in Erwägung zu ziehen, wenn in selbstunkritischer, egoistischer oder gar selbstzerstörerischer Weise die Grenzen der eigenen Leistungsfähigkeit mißachtet bzw. überschritten werden, da die daraus resultierende undisziplinierte Fahrweise ein erhebliches Risiko für die

Verkehrssicherheit darstellt. Prognostisch günstiger ist das Verkehrsverhalten bei selbstunsicheren, übervorsichtigen oder zwanghaften Persönlichkeiten, wenn deren Reaktionsgeschwindigkeit und Apperzeptionsvermögen ausreichend sind. Zur Beurteilung ist hier die aktuelle Diagnostik wichtiger als vielmehr eine gründliche Analyse des Charakters und der Biographie unter Einschluß testpsychologischer Untersuchungen.

- Suchtkranke sind als untauglich für alle Führerscheingruppen zu beurteilen. Wegen der hohen Rückfallquote nach Entziehungskuren wird eine Fahrpause von 1 bis 2 Jahren als Heilungsnachweis verlangt, bevor eine Teileignung angenommen werden darf. Die Alkoholdelinquenz hat hier am meisten Gewicht; 50% aller Verkehrsdelikte und 95% aller Führerscheinentziehungen sind dem Fahren unter Alkohol zuzuschreiben. Bei mehr als einmaliger Trunkenheit am Steuer ist fast die Hälfte dieser Personengruppe als verkehrsungeeignet zu beurteilen.
- Bezüglich der Einnahme von Medikamenten gilt, daß eine Langzeiteinnahme von Psychopharmaka bei vielen psychischen Erkrankungen die Fahr- und Verkehrstüchtigkeit eher verbessert als umgekehrt. Die Medikation darf allerdings nicht zu einer Einschränkung von Vigilanz und sensomotorischer Leistungsfähigkeit führen. Stabilisierend und prognostisch günstig wirken sich diesbezüglich eine lebenstüchtige und robuste Primärpersönlichkeit aus, ein gutartiger Krankheitsverlauf und günstige peristatische Faktoren.
- Leichtere Intelligenzminderungen bedeuten nicht grundsätzlich Fahruntauglichkeit. Bei einem IQ zwischen 70 und 90 kann bei prognostisch günstigen Faktoren wie Ausgeglichenheit, Stabilität, Selbständigkeit, Zuverlässigkeit und Selbstkontrolle Fahrtauglichkeit gegeben sein. Negativ zu bewerten ist eine Kombination von Oligophrenie mit Gemütsarmut, Reizbarkeit, vermehrter Erregbarkeit und Umtriebigkeit. Ein IQ unter 70 bedeutet in der Regel Fahruntauglichkeit.
- Analphabetentum schließt für sich allein die Eignung nicht grundsätzlich aus, wenn Verkehrssymbole und Zusatzbeschilderungen korrekt erkannt und gedeutet werden.

9.6 Geschäfts- und Testierfähigkeit

Im Zivilverfahren hat sich der psychiatrische Sachverständige meist mit Fragen zur Geschäfts- oder Testierfähigkeit zu befassen.

Gem. § 104 BGB ist geschäftsunfähig, wer sich in einem dauerhaften, die freie Willensbildung ausschließenden Zustand befindet. Nach § 105 (1) BGB ist die Willenserklärung eines Geschäftsunfähigen nichtig. Geschäftsunfähigkeit ist kein vorübergehendes, sondern ein fortbestehendes persönliches Merkmal. Partielle Geschäftsunfähigkeit bedeutet, daß sich eine psychische Störung nur teilweise auswirkt.

Nach § 105 (2) BGB sind auch Willenserklärungen bei vorübergehender geistiger Störung nichtig, z.B. im epileptischen Dämmerzustand, im Rausch, Delir oder bei anderweitigen Bewußtseinsstörungen.

Lt. § 2229 BGB (4) kann jemand kein Testament errichten, wenn er wegen psychischer Störungen nicht in der Lage ist, die Bedeutung seiner Willenserklärung einzusehen und danach zu handeln. Testierunfähigkeit liegt demnach vor, wenn jemand zur Zeit der Errichtung des Testaments erheblich geistesgestört oder bewußtseinsgetrübt war; gewöhnliche Alterserscheinungen genügen nicht als Beweis einer Testierunfähigkeit.

Das Vorliegen einer Geschäfts- oder Testierunfähigkeit muß positiv erwiesen sein, wobei strenge Maßstäbe anzulegen sind. Die entsprechenden Defizite sind in einem ausführlichen psychiatrischen Gutachten differenziert und nachvollziehbar zu beschreiben. Sehr schwer wird die Beurteilung einer länger zurückliegenden Testamentserrichtung, wenn nur noch auf Zeugenaussagen oder Aktenunterlagen bzw. Krankenblätter zurückgegriffen werden kann.

Zugrundeliegende Erkrankungen sind in der Regel: Oligophrenie bzw. geistige Behinderung, Demenz bzw. hirnorganische Psychosyndrome und erhebliche Persönlichkeitsveränderungen bei chronischer Psychose oder schwerer Suchterkrankung.

9.7 Schuldfähigkeit

Im psychiatrischen Gutachten zur Schuldfähigkeit (**strafrechtliche Verantwortlichkeit**) sind als sog. Eingangsmerkmale Einsichtsfähigkeit (intellektueller Faktor) und Steuerungsfähigkeit zur Tatzeit (voluntativer Faktor) zu beurteilen.

In diesem Zusammenhang sind Persönlichkeit, Biographie und Erkrankung, körperlicher Status und psychopathologischer Befund zu ermitteln sowie äußere Einflüsse, Entwicklung zu und Verhalten unmittelbar vor, während und nach der Tat abzuklären. Das Ergebnis ist in der Hauptverhandlung darzulegen. Das zumeist zuvor erstattete, vorläufige schriftliche Gutachten gliedert sich entsprechend in folgende Abschnitte:

- Einleitung mit Beweisfragen und Hinweis auf zugrundeliegende Unterlagen
- Aktenauszüge einschließlich zugezogener Krankengeschichten
- eigene Untersuchungen einschließlich Zusatzdiagnostik
- Diagnose und Differentialdiagnose
- forensische Schlußfolgerung bzw. Beurteilung mit Beantwortung der gestellten Frage, evtl. prognostischen Äußerungen

Dem vorläufigen schriftlichen Gutachten folgt die mündliche Erörterung durch den Sachverständigen während der Hauptverhandlung. Bis zu seiner förmlichen Entlassung, die am Ende der Beweisaufnahme erfolgt, muß dieser anwesend sein. Sollten neue Gesichtspunkte auftauchen, sind die schriftlichen Äußerungen begründet zu relativieren bzw. zu revidieren. Das Gutachten sollte in freier Rede vorgetragen werden.

Schuldunfähigkeit nach § 20 StGB kann vorliegen bei:

- krankhafter seelischer Störung (akute endogene und exogene Psychose einschließlich Intoxikation)
- tiefgreifender Bewußtseinsstörung (psychogene Reaktion bzw. affektiver Ausnahmezustand, Belastungsreaktion)
- Schwachsinn (Oligophrenie und geistige Behinderung)
- anderer schwerer seelischer Abartigkeit (Persönlichkeitsstörung, Abhängigkeitserkrankung und schwere Neurose bzw. Anpassungsstörung)

Entscheidend ist, ob der Angeklagte in der Lage war, das Unrecht der Tat einzusehen und nach dieser Einsicht zu handeln.

Eine **verminderte Schuldfähigkeit** i. S. des § 21 StGB liegt vor, wenn die Fähigkeit, das Unrecht der Tat einzusehen und danach zu handeln, erheblich vermindert war. Bezüglich zugrundeliegender psychischer Krankheiten gelten dieselben Zuordnungen wie bei Schuldunfähigkeit.

Die definitive Wertung nimmt das Gericht vor, der Gutachter hat lediglich darzulegen, ob aufgrund der Erkrankung bzw. Psychopathologie entsprechende Voraussetzungen vorlagen oder vorgelegen haben könnten.

Wird aufgrund einer psychiatrischen Erkrankung Schuldunfähigkeit oder verminderte Schuldfähigkeit festgestellt, kann der Täter nicht oder nicht voll bestraft werden. Statt dessen werden **Maßregeln** gemäß StGB angeordnet, d.h. die Unterbringung in einem psychiatrischen Krankenhaus auf unbestimmte Zeit (§ 63 StGB) oder in einer Entziehungsanstalt über längstens zwei Jahre (§ 64 StGB), wenn davon auszugehen ist, daß in Verbindung mit der psychischen Störung weitere erhebliche Straftaten zu erwarten sind.

Der Maßregelvollzug dient sowohl der Besserung und Heilung der Erkrankung wie auch dem Schutz der Allgemeinheit. Er erfolgt ganz überwiegend in speziellen forensisch-psychiatrischen Einrichtungen, in denen sich größtenteils Psychosekranke und persönlichkeitsgestörte Personen befinden. Mindestens einmal jährlich sind Krankheitsbild, Prognose und Situation des Untergebrachten für das Gericht zu überprüfen. Die ambulante Nachsorge für diese Patientengruppe ist erst im Aufbau begriffen; sie erfordert spezielle forensische Kenntnisse und Erfahrungen.

10 Anhang

10.1 Psychopharmaka-Übersicht

Antidepressiva

Freiname (Generic)	Handelsname	mittlere Tagesdosis (mg)
Amitriptylin	Amineurin	75 – 100
Amitriptylin	Amitriptylin-neurax	75 – 100
Amitriptylin	Novoprotect	75 – 100
Amitriptylin	Saroten	75 – 100
Amitriptylinoxid	Equilibrin	60 – 120
Citaprolam	Cipramil	10 – 20
Clomipramin	Anafranil	50 – 100
Clomipramin	Clomipramin-neurax	50 – 100
Clomipramin	Hydiphen	50 – 100
Desipramin	Pertrofran	50 – 125
Desipramin	Petylyl	50 – 125
Dibenzepin	Noveril	120 – 240
Dosulepin	Idom	50 – 75
Doxepin	Aponal	50 – 100
Doxepin	Desidox	50 – 100
Doxepin	Doneurin	50 – 100
Doxepin	Doxepin dura	50 – 100
Doxepin	Doxepin-neurax	50 – 100
Doxepin	Doxepin ratiopharm	50 – 100
Doxepin	Mareen	50 – 100
Doxepin	Sinquan	50 – 75
Fluoxetin	Fluctin	20
Fluoxetin	Fluoxetin ratiopharm	20
Fluvoxamin	Fevarin	100 – 200
Imipramin	Imipramin-neurax	50 – 100
Imipramin	Tofranil	50 – 100
Lofepramin	Gamonil	70 – 140

Maprotilin	Aneural	75 – 100
Maprotilin	Deprilept	75 – 100
Maprotilin	Ludiomil	75 – 100
Maprotilin	Mapro-Gry	75 – 100
Maprotilin	Maprolu	75 – 100
Maprotilin	Maprotilin-neurax	75 – 100
Maprotilin	Mirpan	75 – 100
Maprotilin	Psymion	75 – 100
Mianserin	HOPACEM	30 – 60
Mianserin	Mianeurin	30 – 60
Mianserin	Mianserin	30 – 60
Mianserin	Tolvin	30 – 60
Mianserin	Prisma	30 – 60
Mirtazapin	Remergil	20 – 30
Moclobemid	Aurorix	300 – 450
Nefazodon	Nefadar	200 – 400
Nortriptylin	Nortrilen	50 – 75
Opipramol	Insidon	100 – 150
Paroxetin	Seroxat	20
Paroxetin	Tagonis	20
Sertralin	Sepram	50 – 100
Sertralin	Zoloft	50 – 100
Sulpirid	Arminol	100 – 200
Sulpirid	Dogmatil	100 – 200
Sulpirid	Meresa	100 – 200
Sulpirid	Neogama	100 – 200
Sulpirid	Sulpivert	100 – 200
Tranylcypromin	Jatrosom N	10 – 20
Trazodon	Thombran	200 – 300
Trimipramin	Herphonal	50 – 100
Trimipramin	Stangyl	50 – 100
Trimipramin	Trimipramin-neurax	50 – 100
Venlafaxin	Trevilor	75 – 150
Viloxazin	Vivalan	200 – 300

Phasenprophylaktika

Freiname (Generic)	Handelsname	Einzeldosis (mg)
Lithiumacetat (-carbonat)	Quilonum (retard)	536 (450)
Lithiumaspartat	Lithium-Aspartat	500
Lithiumcarbonat	Hypnorex	400
Lithiumcarbonat	Leukominerase	150
Lithiumcarbonat	Li 450 „Ziethen“	450
Lithiumcarbonat	Lithium Apogepha	295
Lithiumsulfat	Lithium-Duriles	330
Carbamazepin	Sirtal	(Serumspiegel
Carbamazepin	Tegretal	6 – 10
Carbamazepin	Timonil	µg/ml)

Neuroleptika

Freiname (Generic)	Handelsname	mittlere Tagesdosis (mg)
Amisulprid	Solian	300 – 500
Benperidol	Benperidol-neurax	0,5 – 1,5
Benperidol	Glianimon	0,5 – 1,5
Bromperidol	Impromen	4 – 6
Bromperidol	Tesoprel	4 – 6
Clopenthixol	Ciatyl	20 – 75
Chlorprothixen	Taractan	45 – 90
Chlorprothixen	Truxal (Truxaletten)	45 – 90
Clozapin*	Leponex*	75 – 150
Dixyrazin	Esucos	30 – 75
Flupenthixol	Fluanxol	2 – 4
Fluphenazin	Dapotum	3 – 9
Fluphenazin	Lyogen	3 – 9
Fluphenazin	Lyorodin	3 – 9
Fluphenazin	Omca	5 – 10
Haloperidol	Haldol-Janssen	5 – 10
Haloperidol	Haloperidol Gry	5 – 10

* eingeschränkte Verschreibung

Haloperidol	Haloperidol-ratiopharm	5 – 10
Haloperidol	Haloperidol-Stada	5 – 10
Haloperidol	Sigaperidol	5 – 10
Haloperidol	Buteridol	5 – 10
Levomepromazin	Levomepromazin-neurax	75 – 150
Levomepromazin	Neurocil	75 – 150
Levomepromazin	Tisercin	75 – 150
Methylperon	Eunerpan	75 – 300
Metofen	Frenolon	10 – 30
Olanzapin	Zyprexa	5 – 10
Perazin	Perazin-neurax	100 – 250
Perazin	Taxilan	100 – 250
Perphenazin	Decentan	8 – 16
Pimozid	Antalon	1 – 4
Pimozid	Orap	1 – 4
Pipamperon	Dipiperon	120 – 360
Promazin	Sinophenin	100 – 200
Promazin	Protactyl	100 – 200
Promethazin	Atosil	50 – 150
Promethazin	Eusedon	50 – 150
Promethazin	Prothazin	50 – 150
Promethazin	Soporil	50 – 150
Prothipendyl	Dominal forte	120 – 240
Risperidon	Risperdal	4 – 8
Sertindol	Serdolect	8 – 16
Thioridazin	Melleril	75 – 150
Thioridazin	Thioridazin-neurax	75 – 150
Trifluoperazin	Jatroneural	2 – 8
Triflupromazin	Psyquil	50 – 150
Trifluperidol	Triperidol	1,0 – 1,5
Zotepin	Nipolept	75 – 125
Zuclopenthixol	Ciatyl-Z	20 – 40

Depot-Neuroleptika

Freiname (Generic)	**Handelsname**	**mittlere Einzel-dosis (mg)**
Flupentixoldecanoat	Fluanxol-Depot (2%)	alle 2 – 4 Wochen 20 – 40
Fluphenazindecanoat	Dapotum D	alle 2 – 3 Wochen 25 – 50
Fluphenazindecanoat	Fluphenazin-neurax-D	alle 2 – 3 Wochen 25 – 50
Fluphenazindecanoat	Lyogen-Depot	alle 2 – 3 Wochen 25 – 50
Fluphenazindecanoat	Lyorodin-Depot	alle 2 – 3 Wochen 25 – 50
Fluspirilen	Imap	jede Woche 4 – 6
Haloperidoldecanoat	Haldol-Janssen-Decanoat	alle 3 – 4 Wochen 100 – 150
Perphenazinenantat	Decentan-Depot	alle 2 Wochen 100
Zuclopenthixolacetat	Ciatyl-Z-Acuphase	alle 2 – 3 Tage 50 – 100
Zuclopenthixol-decanoat	Ciatyl-Z-Depot	alle 2 – 4 Wochen 200 – 400

Phytotherapeutika (antidepressiv)

Wirkstoff	**Handelsname**	**mittlere Tages-dosis (mg)**
Hypericin	Aristoforat	400 – 800
Hypericin	Cesradyston	400 – 800
Hypericin	Dirinal	400 – 800
Hypericin	Esbericum	400 – 800
Hypericin	Felis	400 – 800
Hypericin	Fortinox	400 – 800
Hypericin	Helarium	400 – 800
Hypericin	Herbaneurin	400 – 800
Hypericin	Hyperforat	400 – 800

Hypericin	Jarsin	400 – 800
Hypericin	Kira	400 – 800
Hypericin	Neuroplant	400 – 800
Hypericin	Psychiatrin	400 – 800
Hypericin	Psychotonin	400 – 800
Hypericin	Remotiv	400 – 800
Hypericin	Sedovegan	400 – 800
Hypericin	Turineurin	400 – 800
Hypericin	Viviplus	400 – 800

Phytotherapeutika (anxiolytisch)

Wirkstoff	**Handelsname**	**Tagesdosis (mg)**
Kavain	Aigin	300 – 600
Kavain	Antares	300 – 600
Kavain	Ardeydystin	300 – 600
Kavain	Cefakava	300 – 600
Kavain	Enkavan	300 – 600
Kavain	Fortinox	300 – 600
Kavain	Kava-Hevert	300 – 600
Kavain	Kava-Phyto	300 – 600
Kavain	Kava-ratiopharm	300 – 600
Kavain	Kavasporal	300 – 600
Kavain	Laitan	300 – 600
Kavain	Nervonocton N	300 – 600

Tranquilizer

Freiname (Generic)	**Handelsname**	**mittlere Tagesdosis (mg)**
Alprazolam	Cassadan	0,75 – 1,5
Alprazolam	Esparon	0,75 – 1,5
Alprazolam	Tafil	0,75 – 1,5
Alprazolam	Xanax	0,75 – 1,5
Bromazepam	Bromazanil	3 – 6
Bromazepam	durazanil	3 – 6

Bromazepam	Gityl	3 – 6
Bromazepam	Lexostad	3 – 6
Bromazepam	Lexotanil	3 – 6
Bromazepam	Neo-OPT	3 – 6
Bromazepam	Normoc	3 – 6
Buspiron	Bespar	10 – 30
Chlordiazepoxid	Librium	10 – 30
Chlordiazepoxid	Multum	10 – 30
Chlordiazepoxid	Radepur 10	10 – 30
Clobazam	Frisium	20
Clotiazepam	Trecalmo	10 – 15
Diazepam	Diazepam-ratiopharm	10
Diazepam	Diazepam Stada	10
Diazepam	Diazepam-Woelm	10
Diazepam	Faustan	10
Diazepam	Lamra	10
Diazepam	Tranquase	10
Diazepam	Valiquid	10
Diazepam	Valium	10
Diazepam	Valocordin	10
Dikaliumchlorazepat	Tranxilium	10 – 20
Hydroxyzin	Atarax	30 – 60
Lorazepam	duralozam	2 – 3
Lorazepam	Laubeel	2 – 3
Lorazepam	Lorazepam-neurax	2 – 3
Lorazepam	Pro Dorm	2 – 3
Lorazepam	Somagerol	2 – 3
Lorazepam	Tavor	2 – 3
Lorazepam	Tolid	2 – 3
Medazepam	Medazepam AWD	5 – 20
Medazepam	Rudotel	5 – 20
Meprobamat	Visano N	400 – 800
Metaclazepam	Talis	10 – 15
Opipramol	Insidon	75 – 100
Oxazepam	Adumbran	10 – 20
Oxazepam	Antoderin	10 – 20
Oxazepam	Azutranquil	10 – 20
Oxazepam	durazepam	10 – 20

Oxazepam	Noctazepam	10 – 20
Oxazepam	Oxazepam-neurax	10 – 20
Oxazepam	Oxazepam ratiopharm	10 – 20
Oxazepam	Oxazepam-Stada	10 – 20
Oxazepam	Praxiten	10 – 20
Oxazepam	Sigacalm	10 – 20
Oxazepam	Uskan	10 – 20
Prazepam	Demetrin	10 – 30

Nootropika (Antidementiva)

Freiname (Generic)	Handelsname	mittlere Tagesdosis (mg)
vasoaktiv		
Dihydroergotoxin	Circanol	4 – 6
Dihydroergotoxin	Dacoren	4 – 6
Dihydroergotoxin	DCCK	4 – 6
Dihydroergotoxin	Defluina N	4 – 6
Dihydroergotoxin	Enirant	4 – 6
Dihydroergotoxin	Ergodesit	4 – 6
Dihydroergotoxin	ergoplus	4 – 6
Dihydroergotoxin	ergotox	4 – 6
Dihydroergotoxin	Hydergin	4 – 6
Dihydroergotoxin	Nehydrin	4 – 6
Dihydroergotoxin	Orphol	4 – 6
Dihydroergotoxin	Sponsin	4 – 6
Nicergolin	Circo-Maren	30 – 60
Nicergolin	ergobel	30 – 60
Nicergolin	Memoq	30 – 60
Nicergolin	Nicergolin neurax	30 – 60
Nicergolin	Nicergolin ratiopharm	30 – 60
Nicergolin	Nicxerium	30 – 60
Nicergolin	Sermion	30 – 60
Ginkgo-Extrakt	Duogingk	Dosis abhängig vom Präparat
Ginkgo-Extrakt	Gingiloba	Dosis abhängig vom Präparat

Ginkgo-Extrakt	Gingium	Dosis abhängig vom Präparat
Ginkgo-Extrakt	Gingobeta	Dosis abhängig vom Präparat
Ginkgo-Extrakt	Gingopret	Dosis abhängig vom Präparat
Ginkgo-Extrakt	Ginkgo-Heumann	Dosis abhängig vom Präparat
Ginkgo-Extrakt	Ginkgorell	Dosis abhängig vom Präparat
Ginkgo-Extrakt	Ginkgo-Stada	Dosis abhängig vom Präparat
Ginkgo-Extrakt	Ginkobil-ratiopharm	Dosis abhängig vom Präparat
Ginkgo-Extrakt	Isoginkgo	Dosis abhängig vom Präparat
Ginkgo-Extrakt	Kaveri	Dosis abhängig vom Präparat
Ginkgo-Extrakt	Rökan	Dosis abhängig vom Präparat
Ginkgo-Extrakt	Tebonin	Dosis abhängig vom Präparat
Nimodipin	Nimotop	30 – 90
hirnstoffwechselaktiv		
Cinnaricin	Cinnacet	75 – 150
Cinnaricin	Cinnarizin ct	75 – 150
Cinnaricin	Cinnaricin-ratiopharm	75 – 150
Cinnaricin	Stutgeron	75 – 150
Memantin	Akatinol Memantine	10 – 30
Piracetam	Avigilen	2400 – 4800
Piracetam	Cerebroforte	2400 – 4800
Piracetam	Cerepar	2400 – 4800
Piracetam	Cuxabrain	2400 – 4800
Piracetam	duraptrop	2400 – 4800
Piracetam	Encetrop	2400 – 4800
Piracetam	Memo-Puren	2400 – 4800
Piracetam	Nootrop	2400 – 4800

Piracetam	Normabrain	2400 – 4800
Piracetam	Novocetam	2400 – 4800
Piracetam	Piracebral	2400 – 4800
Piracetam	Piracetam	2400 – 4800
Piracetam	Piracetam Heumann	2400 – 4800
Piracetam	Piracetam neurax	2400 – 4800
Piracetam	Piracetam ratiopharm	2400 – 4800
Piracetam	Piracetrop	2400 – 4800
Piracetam	Sinapsan	2400 – 4800
Pyritinol	Ardeyceryl	400 – 600
Pyritinol	Encephabol	400 – 600
Pyritinol	Logomed	400 – 600
Vincamin	Cavivinton	30 – 60
Vincamin	Cetal	30 – 60
Vincamin	Equipur	30 – 60
Vincamin	Vincamin-ratiopharm	30 – 60
Vincamin	Vincapront	30 – 60
Cholinerg		
Donepezil	Aricept	5 –10
Metrifonat	(noch nicht im Handel)	40 – 60
Rivastigmin	Exelon	6 – 10
Tacrin	Cognex	40 – 160

10.2 Psychosoziales Adressenverzeichnis

Selbsthilfevereinigungen auf Bundesebene

Agoraphobie e.V.
Albrecht-Achilles-Str. 65
10709 Berlin
☎ 030 – 8916085

AGUS-Angehörigengruppe
um Suizid
Wiechernstr. 1
95447 Bayreuth
☎ 0921 – 66110

Aktion psychisch Kranke
Brungsgasse 4 – 6
53117 Bonn
☎ 0228 – 676740

Aktionskreis Eß- und
Magersucht Cinderella e.V.
Westendstr. 35
80339 München
☎ 089 – 5021212

Allg. Behindertenverband in
Deutschland
Am Köllnischen Park 6 – 7
10179 Berlin
☎ 030 – 23806673

Alzheimer Gesellschaft
München e.V.
Richard-Strauss-Str. 34
81677 München
☎ 089 – 475185

ANAD Selbsthilfe-Anorexia-
Bulimia-Nervosa e.V.
Rottmannstr. 5
80333 München
☎ 089 – 5236633

Anonyme Ärzteselbsthilfe-
gruppe der AA
Bahnhofstr. 36
86971 Peiting
☎ 08861 – 6115

Anonyme Spieler (AS)
Eilbeckerweg 20
22089 Hamburg
☎ 040 – 2099019

Anonyme Sexaholiker (AS)
Interessengemeinschaft e.V.
Postfach 12 62
76002 Karlsruhe
☎ 0931 – 663437

Anonyme Alkoholiker
Deutschland (AA)
Postfach 46 02 27
80910 München
☎ 089 – 3164343

Anonyme Arbeitssüchtige (AAS)
Kreuzstr. 13
76133 Karlsruhe

Arbeitskreis Down-
Syndrom e.V.
Hegelstr. 19
33649 Bielefeld
☎ 0521 – 442998

Arbeitskreis Sekten –
Okkultismus – New Age
Adenauer Allee 37
53113 Bonn
☎ 0228 – 2679854

ASFRAG – Anonyme Selbst-
hilfegruppe frauen- und/oder
beziehungsgeschädigter Männer
Annahofstr. 1
93049 Regensburg
☎ 0941 – 36588

Beratungszentrum bei Eß-
Störungen Dick + Dünn e.V.
Innsbruckerstr. 25
10825 Berlin
☎ 030 – 8544994

Blaues Kreuz in der
Ev. Kirche e.V.
Ditterichstr. 17a
30159 Hannover
☎ 0511 – 3631815

Bund Deutscher Kriegsopfer, Körperbehinderter u. Sozialrentner e.V.
Bonner Talweg 88
53113 Bonn
☎ 0228 – 216116

Bund für drogenfreie Erziehung (BdE) e.V.
Postfach 14 22
21496 Geestacht
☎ 040 – 6028470

Bund Deutscher Hirngeschädigter e.V.
Humboldtstr. 32
53115 Bonn
☎ 0228 – 651012

Bundesarbeitsgemeinschaft der Sozialhilfeinitiativen e.V.
Moselstr. 25
60329 Frankfurt
☎ 069 – 250030

Bundesarbeitsgemeinschaft Hilfe für Behinderte e.V.
Kirchfeldstr. 149
40215 Düsseldorf
☎ 0211 – 3100621

Bundesarbeitsgemeinschaft des Clubs Behinderter und ihrer Freunde e.V.
Eupener Str. 5
55131 Mainz
☎ 06131 – 225514

Bundesarbeitsgemeinschaft des Freundeskreises für Suchtkrankenhilfe in Deutschland e.V.
Kurt-Schumacher-Str. 2
34117 Kassel
☎ 0561 – 780413

Bundesverband zur Förderung Lernbehinderter e.V.
Rolandstr. 61
50677 Köln
☎ 0221 – 380666

Bundesverband der Elternkreise Drogengefährdeter u. Drogenabhängiger Jugendlicher (BVEK) e.V.
Köthenerstr. 38
10963 Berlin
☎ 030 – 2626089

Bundesverband der Angehörigen Psychisch Kranker e.V.
Thomas-Mann-Str. 49a
53111 Bonn
☎ 0228 – 632646

Dachverband Psychosozialer
Hilfsvereinigungen e.V.
Thomas-Mann-Str. 49a
53111 Bonn
☎ 0228 – 632646

DASH-Deutsche Angst-
störungshilfe
Bayerstr. 77a
80355 München
☎ 089 – 5438080

Deutsche AIDS-Hilfe e.V.
Dieffenbachstr. 33
10967 Berlin
☎ 030 – 6900870

Deutsche Schlaganfall-
Liga e.V.
Carl-Bertelsmann-Str. 256
33311 Gütersloh
☎ 05241 – 702070

Deutsche Huntingtonhilfe e.V.
Postfach 28 12 51
47241 Duisburg
☎ 02303/788777)

Deutsche Vereinigung zur
Rehabilitation Behinderter e.V.
Friedrich-Ebert-Anlage 9
69117 Heidelberg
☎ 06221 – 25485

Deutsche Epilepsie-
vereinigung e.V.
Zillestr. 102
10585 Berlin
☎ 030 – 3424414

Deutsche Gesellschaft für
Suizidprävention (DGS)
PLK Weissenau
88190 Ravensburg
☎ 0751 – 7601394

Deutsche Gesellschaft gegen
Zwangserkrankungen e.V.
Postfach 15 45
49005 Osnabrück
☎ 0541 – 4096633

Deutsche Hauptstelle gegen
Suchtgefahren (DHS) e.V.
Westring 2
59065 Hamm
☎ 02381 – 90150

Deutscher Frauenbund für
Alkoholfreie Kultur
Kurt-Tucholsky-Str. 7
63329 Egelsbach
☎ 06103 – 42731

Deutscher Guttemplerorden
(I.O.G.T.) e.V.
Adenauer Allee 45
20097 Hamburg
☎ 040 – 245880

Emotions Anonymous (EA)
Interessengemeinschaft e.V.
Katzbachstr. 33
10965 Berlin
☎ 030 – 7867984

Fachverband Sucht e. V.
Adenauerallee 58
53113 Bonn
☎ 0228 – 261555

Fachverband Drogen und Rauschmittel (FDR) e.V.
Odeonstr. 14
30159 Hannover
☎ 0511 – 1316474

Folteropfer und vergewaltigte Frauen Klinikum Westend
Spandauer Damm 130
14050 Berlin
☎ 030 – 3035/3591

Hilfe zur Selbsthilfe Suchtkranker und Suchtgefährdeter e.V.
Postfach 10 29 03
69109 Heidelberg
☎ 06221 – 767655

Hilfe zum Weiterleben Arbeitskreis für Selbstmordverhütung und Krisenberatung e.V.
Postfach 18 18
32708 Detmold
☎ 05231 – 32984

Informationszentrum Epilepsie
Herforder Str. 5 – 7
33607 Bielefeld
☎ 0521 – 124117

Kreuzbund e.V.
Postfach 18 67
59008 Hamm
☎ 02381 – 672720

Kuratorium ZNS für Unfallverletzte mit Schäden des Zentralen Nervensystems e.V.
Humboldtstr. 30
53115 Bonn
☎ 0228 – 631153

Memory-Liga e.V.
Kolonie 5
77787 Nordrach
☎ 07838 – 658

Opferhilfe-Beratungsstelle
Paul-Nevermann-Platz 2 – 4
22765 Hamburg
☎ 040 – 381993

Reichsbund der Kriegsopfer, Behinderten, Sozialrentner und Hinterbliebenen e.V.
Beethovenallee 56 – 68
53173 Bonn
☎ 0228 – 363071

„Schädel-Hirn-Patienten
in Not e. V."
Bayreuther Str. 33
92224 Amberg
☎ 09621 – 64800

SYNANON International e.V.
Bernburger Str. 10
10963 Berlin
☎ 030 – 2500010

Transidentitas e.V. –
Gemeinnütziger
Selbsthilfeverein
Postfach 10 10 46
63010 Offenbach
☎ 069 – 8001008

Verband der Kriegs- und Wehrdienstopfer, Behinderten und
Rentner Deutschlands (VDK)
Wurzerstr. 2 – 4
53175 Bonn
☎ 0228 – 820930

Weißer Ring Verein zur Unterstützung von Kriminalitätsopfern und zur Verhütung von
Straftaten e.V.
Weberstr. 16
55130 Mainz
☎ 06131 – 83030

Verein Morbus Wilson e.V.
Meraner Str. 17
83024 Rosenheim
☎ 08031 – 44119

Behörden und Wohlfahrtsverbände

Arbeiter-Samariter-Bund
Deutschland e.V.
Sülzburgstr. 140
50937 Köln
☎ 0221 – 47605317

Arbeiterwohlfahrt-Bundesverband e.V.
Oppelner Str. 130
53119 Bonn
☎ 0228 – 66850

Bundesarbeitsgemeinschaft der
Freien Wohlfahrtspflege
Franz-Lohe-Str. 17
53129 Bonn
☎ 0228 – 2260

Bundesminister für Gesundheit
Postfach
53108 Bonn
☎ 0228 – 9410

Bundeszentrale für gesundheitliche Aufklärung
Ostmerheimer Str. 200
51109 Köln
☎ 0221 – 89920

Deutscher Caritasverband e.V.
Karlstr. 40
79104 Freiburg
☎ 0761/2000

Deutsches Rotes Kreuz
Friedrich-Ebert-Allee 71
53113 Bonn
☎ 0228 – 5411

Diakonisches Werk EKD e.V.
Stafflenbergstr. 76
70184 Stuttgart
☎ 0711 – 21590

Paritätischer Wohlfahrtsverband Bundesverband e.V.
Heinrich-Hoffmann-Str. 3
60528 Frankfurt
☎ 069 – 67060

Umweltbundesamt
Postfach 33 00 22
14191 Berlin
☎ 030 – 231455

Volkssolidarität e.V. – Bundesverband
Rykestr. 53
10405 Berlin
☎ 030 – 44303300

10.3 Fachgesellschaften

Allgemeine Ärztliche Gesellschaft für Psychotherapie
Sanwiese 12 A
82234 Wessling
☎ 08153 – 95089

Arbeitsgemeinschaft für Neuropsychopharmakologie u. Pharmakopsychiatrie (AGNP)
Virchowstr. 174
45147 Essen
☎ 0201 – 72270

Berufsverband für Kinder- und Jugendpsychiatrie und Psychotherapie e.V.
Wirichsbongardstr. 5 – 9
52062 Aachen
☎ 0241 – 37834

Berufsverband Deutscher Psychologen e.V.
Heilsbachstraße 22
53123 Bonn
☎ 0228 – 987310

Berufsverband Deutscher Nervenärzte e.V.
Westfälische Straße 34
10709 Berlin
☎ 030 – 8934191

Bundesverband niedergelassener Gebietsärzte e.V.
Kaiser-Friedrich-Str. 106
10585 Berlin
☎ 030 – 3410971

Deutsche Gesellschaft für psychosomatische Medizin e.V.
Geiselgasteigstr. 203
81545 München
☎ 089 – 644015

Deutsche Gesellschaft für Soziale Psychiatrie e.V.
Stuppstr. 14
50823 Köln
☎ 0221 – 511002

Deutsche Gesellschaft für Psychoanalyse, Psychotherapie, Psychosomatik und Tiefenpsychologie e.V. (DGPT)
Johannisbollwerk 20
20459 Hamburg
☎ 040 – 3192619

Deutsche Gesellschaft für Psychiatrie, Psychotherapie und Nervenheilkunde
Bergische Landstr. 2
50629 Düsseldorf
☎ 0211 – 280498

Deutsche psychoanalytische Gesellschaft e.V.
Nußbaumstr. 7
80336 München
☎ 089 – 888270

Deutsche Gesellschaft für Verhaltenstherapie e.V.
Postfach 13 43
72003 Tübingen
☎ 07071 – 41211

Deutsche Gesellschaft für Verhaltensmedizin und Verhaltensmodifikation
Am Steiger 3
07743 Jena
☎ 03641 – 636637

Deutsche Gesellschaft für analytische Psychologie e.V.
Wedellstr. 16 – 18
12247 Berlin
☎ 030 – 7745561

Deutsche Ärztliche Gesellschaft für Verhaltenstherapie (DÄVT) e.V.
Bombergallee 11
31812 Bad Pyrmont
☎ 05281 – 619635

Deutsche Gesellschaft für ärztliche Hypnose und autogenes Training e.V.
Oberforstbacherstr. 416
52076 Aachen
☎ 02408 – 3454

Deutsche Gesellschaft für biologische Psychiatrie
Nußbaumstr. 7
80336 München
☎ 089 – 51605501

Deutsche Gesellschaft für Geschichte der Nervenheilkunde e.V.
Anne-Frank-Str. 9
97082 Würzburg
☎ 0931 – 85341

Deutsche Gesellschaft für Sexualforschung
Niemannsweg 137
24105 Kiel
☎ 0431 – 5972655

Deutsche Gesellschaft für therapeutische Hypnose
Kaiserstr. 2a
66955 Pirmasens
☎ 06331 – 73774

Deutsche gruppentherapeutische Gesellschaft
Goethestr. 54
80336 München
☎ 089 – 539674

Deutsche psychoanalytische Vereinigung e.V.
Sulzaerstr. 3
14199 Berlin
☎ 030 – 8264547

Deutsche Balint-Gesellschaft e.V.
Appelweg 21
29342 Wienhausen
☎ 05149 – 8936

Gemeinschaft fachärztlicher Berufsverbände (GFB)
Arndtstr. 20
65232 Taunusstein
☎ 06128 – 3625

Internationale Gesellschaft für Tiefenpsychologie e.V.
Postfach 11 47
73207 Plochingen
☎ 07153 – 21062

Deutsche Gesellschaft für humanistische Psychologie
Schubbendenweg 4
52249 Eschweiler
☎ 02403 – 4726

Gesellschaft für psychosomatische Therapie
Stettiner Str. 120
40595 Düsseldorf
☎ 0211 – 70061

Vereinigung der Kassenpsychotherapeuten e.V.
Riedsaumstr. 4 A
67063 Ludwigshafen
☎ 0621 – 637015

Deutsche Gesellschaft für psychotherapeutische Medizin (DGPM)
Johannisbollwerk 20
20459 Hamburg
☎ 040 – 311204

10.4 Fachzeitschriften (deutschsprachige)

Der Nervenarzt
Springer
Tiergartenstr. 17
69121 Heidelberg
☎ 06221 – 487632

Familiendynamik
Klett-Cotta
Postfach 10 60 16
70197 Stuttgart
☎ 0711 – 6672

Forensische Psychiatrie und Psychotherapie
Pabst Science Publ.
Eichengrund 28
49525 Lengerich
☎ 05484 – 308

Fortschritte der Neurologie, Psychiatrie
Thieme
Rüdigerstr. 14
70469 Stuttgart
☎ 0711 – 89310

Fundamenta Psychiatrica
Schattauer
Lenzhalde 3
70192 Stuttgart
☎ 0711 – 229870

Gruppenpsychotherapie und Gruppendynamik
Vandenhoeck & Ruprecht
Theaterstr. 13
37070 Göttingen
☎ 0551 – 547820

Krankenhauspsychiatrie
Enke
Bludenzerstr. 6
70469 Stuttgart
☎ 0711 – 1357980

Nervenheilkunde
Schattauer
Lenzhalde 3
70192 Stuttgart
☎ 0711 – 229870

Neurotransmitter
Westfälische Str. 34
10709 Berlin
☎ 030 – 8934191

Psychiatrische Praxis
Thieme
Rüdigerstr. 14
70469 Stuttgart
☎ 0711 – 89310

Psycho
Perimed
Ammonitenstr. 1
72336 Balingen
☎ 07433 – 9520

Psychopharmakotherapie
Wiss. Verlags-Gesellschaft
Birkenwaldstr. 44
70191 Stuttgart
☎ 0711 – 2582235

Psychotherapeut
Springer
Tiergartenstr. 17
69121 Heidelberg
☎ 06221 – 487632

Psychotherapie. Psychosomatik. Medizinische Psychologie
Thieme
Rüdigerstr. 14
70469 Stuttgart
☎ 0711 – 89310

PTT – Persönlichkeitsstörungen – Theorie und Therapie
Schattauer
Lenzhalde 3
70192 Stuttgart
☎ 0711 – 229870

Recht und Psychiatrie
Psychiatrie-Verlag
Postfach 2145
53011 Bonn
☎ 0228 – 725340

Sozialpsychiatrische Informationen
Psychiatrie-Verlag
Postfach 2145
53011 Bonn
☎ 0228 – 725340

TW Neurologie, Psychiatrie
Karl-Friedrich-Str. 14 – 18
76133 Karlsruhe
☎ 0721 – 165108

Verhaltenstherapie
Karger
Lörracher Str. 16a
79115 Freiburg
☎ 0761 – 452070

Verhaltenstherapie und psychosoziale Praxis
DGVT-Verlag
Neckarhalde 53
72070 Tübingen
☎ 07071 – 943434

Zeitschrift für Gerontopsychologie und -psychiatrie
Huber
Länggaß-Str. 76
CH-3000 Bern 9
☎ (0041) 31 – 3004500

Zeitschrift für klinische Psycholcgie, Psychiatrie und Psychotherapie, Schöningh
Postfach 25 40
33055 Paderborn
☎ 05251 – 127860

10.5 Gebührenordnung

Psychiatrie/Psychotherapie – relevante Gebührennummern im EBM und in der GOÄ

1. Einheitlicher Bewertungsmaßstab (EBM) (vom 01.01.1996)

Ziffer	Maßnahme	Punkte
1	Ordinationsgebühr, je Behandlungsfall: Es handelt sich um eine leistungsgebundene pauschale Vergütung, die einmal im Behandlungsfall (= Quartal) abgerechnet werden kann für z.B. kurze symptombezogene Untersuchungen, Beratungen, Erörterungen, Injektionen. Die Ordinationsgebühr kann nur bei einem direkten, in besonderen Fällen auch bei einem mittelbaren Patientenkontakt zur Abrechnung gebracht werden	130
2	Konsultationsgebühr; für die Nervenärzte nur dann abrechenbar, wenn eine oder mehrere telefonische Beratungen im Quartal als alleinige Leistungen anfallen	50
3	Verwaltungsgebühr; nur dann abrechenbar, wenn als einzige Leistungen im Quartal Wiederholungsrezepte und/oder Überweisungsscheine bzw. Übermittlung von ärztlichen Anordnungen durch das Praxispersonal an den Patienten anfallen	30
14	Einmal im Quartal abrechenbare pauschale Vergütung für kontinuierliche nervenärztliche/psychiatrische Betreuung einschließlich aller Koordinierungsmaßnahmen von in der familiären bzw. häuslichen Umgebung versorgten Demenzkranken, mehrfach behinderten Kindern oder Jugendlichen und andauernd betreuungsbedürftigen geistig Behinderten, wobei hierunter auch der psychotisch	1800

Ziffer	Maßnahme	Punkte
	Kranke eingeordnet werden kann. Hausbesuch obligat, insgesamt fünf Patientenkontakte pro Quartal erforderlich	
15	Leistungsinhalt wie 14; bei Betreuung in beschützenden Wohnheimen, Pflegeheimen, Altenheimen	800
19	Erhebung der Fremdanamnese über einen psychisch, hirnorganisch oder krankheitsbedingt erheblich kommunikationsgestörten Kranken, einmal im Quartal berechnungsfähig	500
21	Sofortige ärztliche Intervention bei akuter psychischer Dekompensation, z.B. Suizidversuch, Erregungszustand, akute Psychose	800
820	Erhebung des vollständigen psychiatrischen Status unter Einbeziehung der lebensgeschichtlichen und sozialen Daten, ggf. einschließlich Beratung und Erhebung ergänzender neurologischer Befunde einschließlich schriftlicher Aufzeichnungen, einmal im Quartal berechnungsfähig	400
821	Vertiefte Exploration auf der Basis des schon erbrachten Leistungsinhaltes nach Gebührennummer 820 zur Entscheidung über die notwendigen Therapiemaßnahmen (zweimal im Quartal)	250
822	Psychiatrische Behandlung zur Reintegration eines Erwachsenen mit psychopathologisch definiertem Krankheitsbild durch syndrombezogene verbale Intervention als therapeutische Konsequenz aus den dokumentierten Ergebnissen der selbst erbrachten Leistungen nach Nr. 820. Diese Ziffer beinhaltet die psychiatrische Basistherapie, sie hat keine Zeit- und Frequenzbegrenzung	320
823	Überschreitet die Gesprächsdauer bei Nr. 822 30 Minuten, kann Nr. 823 zusätzlich als Zuschlag abgerechnet werden	450
827	Psychiatrische Behandlung wie 822 als Gruppenbehandlung (3 bis 8 Teilnehmer, Dauer 50 Minuten)	250

Ziffer	Maßnahme	Punkte
850	Differentialdiagnostische Klärung psychosomatischer Krankheitszustände, zweimal im Quartal berechnungsfähig	250
851	Verbale Intervention bei psychosomatischen Krankheitszuständen unter systematischer Nutzung der Arzt-Patienten-Interaktion, Dauer 15 Minuten	450
856	Autogenes Training, progressive Muskelentspannung als Gruppenbehandlung (2 bis 10 Teilnehmer, Dauer 50 Minuten)	140
858	Hypnose	375
	Anmerkung: Die Nr. 850, 851, 856 und 858 sind an eine in den Psychotherapierichtlinien festgelegte Qualifikation gebunden. Die Abrechnung der Ziffern muß durch die KV genehmigt werden.	
860	Biographische Anamnese unter neurosenpsychologischen oder verhaltensanalytischen Gesichtspunkten ggf.einschließlich ergänzender psychiatrischer und neurologischer Befunde, nur einmal berechnungsfähig für den gesamten Krankheitsverlauf. Diese Ziffer dient der Einleitung einer tiefenpsychologisch fundierten oder einer analytischen Psychotherapie oder einer Verhaltenstherapie	750
861	Auf der Basis der Nr. 860 erfolgen weitere differentialdiagnostische und differentialindikatorische Überlegungen, zweimal im Quartal berechnungsfähig	250
868	Bericht an den Gutachter zum Antrag des Versicherten auf Feststellung der Leistungspflicht zur Einleitung oder zur Verlängerung der sogenannten großen Psychotherapie	1400
869	Diese Ziffer rechnet der Arzt ab bei der Delegation an einen psychologischen Psychotherapeuten oder einen Kinder- und Jugendlichenpsychotherapeuten; notwendig werdende ärztliche Angaben zum Bericht, der auf der Rückseite des Formulars PT/VT 3 erstellt	400

Ziffer	Maßnahme	Punkte
	wird. Bei Verlängerung der Therapie erneut abrechenbar	
871	Tiefenpsychologisch fundierte Psychotherapie, Einzelbehandlung, Kurzzeittherapie bis 25 Sitzungen, Dauer je 50 Minuten, ein Splitting in 25-Minuten-Sitzungen ist möglich und führt dann zu einer Verdoppelung der möglichen Sitzungszahl. Kurzzeittherapie bedarf eines Antrages des Versicherten an die Krankenkasse und einer kurzen indikatorischen Begründung durch den Arzt. Die Überführung in eine notwendig werdende Langzeittherapie muß spätestens mit der 20. Sitzung erfolgen. Die Langzeittherapie ist dann gutachterpflichtig. Die Ziffer 871 ist zur Abrechnung der probatorischen Sitzungen gedacht	1450
872	Tiefenpsychologisch fundierte Psychotherapie als Einzelbehandlung, Langzeittherapie, Dauer mindestens 50 Minuten. Gutachterpflichtig (s. Psychotherapierichtlinien)	1450
873	Tiefenpsychologisch fundierte Psychotherapie als Gruppenbehandlung, 5 bis 9 Teilnehmer, Kurzzeittherapie, bis zu 25 Sitzungen, Dauer 100 Minuten, höchstens 2 Sitzungen pro Tag	450
874	Tiefenpsychologisch fundierte Psychotherapie als Gruppenbehandlung, 5 bis 9 Teilnehmer, Langzeittherapie, Dauer 100 Minuten, höchstens 2 Sitzungen pro Tag, gutachterpflichtig	450
877	Analytische Psychotherapie als Einzelbehandlung, 50 Minuten, gutachterpflichtig	1450
878	Analytische Psychotherapie als Gruppenbehandlung, 5 bis 9 Teilnehmer, 100 Minuten, höchstens 2 Sitzungen pro Tag, gutachterpflichtig	450
881	Verhaltenstherapie als Einzeltherapie, Kurzzeittherapie bis zu 25 Sitzungen, mindestens 50 Minuten, höchstens 2 Sitzungen pro Tag, Halbierung der Sitzungsdauer möglich	1450
882	Verhaltenstherapie als Einzelbehandlung, Langzeittherapie, Dauer 50 Minuten, höchstens	1450

Ziffer	Maßnahme	Punkte
	2 Sitzungen pro Tag, ggf. Halbierung der Sitzungsdauer, gutachterpflichtig	
883	Verhaltenstherapie als Gruppenbehandlung, 2 bis 9 Teilnehmer, Kurzzeittherapie, 50 oder 100 Minuten, höchstens 2 Sitzungen pro Tag	225
884	Verhaltenstherapie als Gruppenbehandlung, 2 bis 9 Teilnehmer, Langzeittherapie, 50 oder 100 Minuten, höchstens 2 Sitzungen pro Tag, gutachterpflichtig. Bei einer Sitzungsdauer von mindestens 100 Minuten sind die Leistungen nach den Nummern 883 und 884 zweimal berechnungsfähig.	225

2. Gebührenordnung für Ärzte (GOÄ) (vom 01.01.1996)

Ziffer	Maßnahme	Punkte	DM Steigerungssatz 1,0- –2,3fach
1	Beratung – auch mittels Fernsprecher	80	9,12 – 20,98
2	Wiederholungsrezept und/oder Überweisungsschein und/oder Übermittlung von ärztlichen Anordnungen durch das Praxispersonal	30	3,42 – 6,16
3	Eingehende, das gewöhnliche Maß übersteigende Beratung, auch telefonisch	150	17,10 – 39,33
4	Erhebung der Fremdanamnese über einen Kranken und/oder Unterweisung und Führung der Bezugsperson, einmal im Behandlungsfall, nicht neben 801 und 806	220	25,08 – 57,68
801	Eingehende psychiatrische Untersuchung, ggf. unter Einschaltung der Bezugspersonen	250	28,50 – 66,55

Ziffer	Maßnahme	Punkte	DM Steigerungssatz 1,0- –2,3fach
804	Psychiatrische Behandlung durch eingehendes therapeutisches Gespräch	150	17,10 – 39,33
806	Psychiatrische Behandlung durch gezielte Exploration und eingehendes therapeutisches Gespräch, auch in akuter Konfliktsituation – ggf. unter Einschluß eines eingehenden situationsregulierenden Kontaktgespräches mit Dritten, mind. 20 Minuten	250	28,50 – 65,55
808	Einleitung oder Verlängerung der tiefenpsychologisch fundierten oder analytischen Psychotherapie im Rahmen des Gutachterverfahrens	400	45,60 – 104,88
812	Psychiatrische Notfallbehandlung bei Suizidversuch und anderer psychischer Dekompensation durch sofortige Intervention und eingehendes Gespräch	500	57,00 – 131,10
835	Einmalige, nicht in zeitlichem Zusammenhang mit einer eingehenden Untersuchung durchgeführte Erhebung der Fremdanamnese über einen psychisch Kranken	63	7,30 – 16,78
845	Behandlung einer Einzelperson durch Hypnose	150	7,10 – 39,33
846	Autogenes Training, progressive Muskelentspannung als Einzelbehandlung, 20 Minuten	150	7,10 – 39,33
847	Autogenes Training, progressive Muskelentspannung als	45	5,13 – 11,80

Ziffer	Maßnahme	Punkte	DM Steigerungssatz 1,0- –2,3fach
	Gruppenbehandlung, maximal 12 Teilnehmer, 20 Minuten		
849	Psychotherapeutische Behandlung bei psychoreaktiven, psychosomatischen oder neurotischen Störungen, 20 Minuten	230	26,22 – 60,31
860	Erhebung der biographischen Anamnese unter neurosenpsychologischen Gesichtspunkten mit schriftlicher Aufzeichnung zur Einleitung und Indikationsstellung bei tiefenpsychologisch fundierter und analytischer Psychotherapie, einmal im Behandlungsfall	920	104,88 – 241,22
861	Tiefenpsychologisch fundierte Psychotherapie als Einzelbehandlung, 50 Minuten	690	78,66 – 180,92
862	Tiefenpsychologisch fundierte Psychotherapie als Gruppenbehandlung, höchstens 8 Teilnehmer, 100 Minuten	345	39,33 – 90,66
863	Analytische Psychotherapie als Einzelbehandlung, 50 Minuten	690	78,66 – 180,92
864	Analytische Psychotherapie als Gruppenbehandlung, höchstens 8 Personen, 100 Minuten	345	39,33 – 90,46
865	Besprechung mit dem psychologischen Psychotherapeuten bzw. Kinder- und Jugendlichenpsychotherapeuten über die Fortsetzung der Behandlung	345	39,33 – 90,46
870	Verhaltenstherapie als Einzelbehandlung, 50 Minuten, Halbierung der Sitzungen möglich	750	85,50 – 196,65

871	Verhaltenstherapie als Gruppenbehandlung, höchstens 8 Teilnehmer, 50 Minuten	150	17,10 – 39,33

Anmerkung: Die GOÄ bezieht den Behandlungsfall nicht auf das Quartal, sondern den Zeitraum eines Monats nach der jeweils ersten Inanspruchnahme des Arztes bei derselben Erkrankung. Ein neuer Behandlungsfall tritt also dann ein, wenn nach der letzten Konsultation ein Monat und ein Tag vergangen ist, Monat und Tag also um 1 fortgeschritten sind.

Literaturhinweise

Psychopathologie

Jaspers K. Allgemeine Psychopathologie. 9. Aufl. Berlin, Heidelberg, New York: Springer 1973.

Scharfetter Ch. Allgemeine Psychopathologie. 3. Aufl. Stuttgart: Thieme 1991.

Klinische Psychiatrie

Andreasen N, Black DW. Lehrbuch Psychiatrie. Weinheim: Beltz 1993.

Dilling H, Schulte-Markwort E, Freyberger HJ (Hrsg). Von der ICD-9 zur ICD-10. Bern, Göttingen, Toronto: Huber 1994.

Ebert D. Psychiatrie systematisch. Lorch: Uni-med 1995.

Faust V. (Hrsg). Psychiatrie. Stuttgart, Jena, New York: Fischer 1995.

Freedman AM, Kaplan HI, Sadock BJ, Peters UH (Hrsg). Psychiatrie in Praxis und Klinik. Stuttgart, New York: Thieme 1984.

Gastpar MT, Kasper S, Linden M (Hrsg). Psychiatrie. Berlin, New York: Walter de Gruyter 1996.

Huber G. Psychiatrie. 6. Aufl. Stuttgart, New York: Schattauer 1998.

Kind H. Psychiatrische Untersuchung. Berlin, Heidelberg: Springer 1984.

Möller HJ, Laux G, Deister A. Psychiatrie. Stuttgart: Hippokrates 1996.

Payk TR. Checkliste Psychiatrie und Psychotherapie. 3. Aufl. Stuttgart: Thieme 1998.

Sass H. Diagnostisches und statistisches Manual psychischer Störungen DSM-IV. Göttingen: Hogrefe 1996.

Tölle R. Psychiatrie. 11. Aufl. Berlin, Heidelberg, New York: Springer 1996.

Psychopharmakotherapie

Benkert O, Hippius H. Psychiatrische Pharmakotherapie. 6. Aufl. Berlin, Heidelberg, New York: Springer 1996.

Buchheim P (Hrsg). Psychotherapie und Psychopharmaka. Stuttgart, New York: Schattauer 1997.

Laux G. Pharmakotherapie. 2. Aufl. Stuttgart, Jena: Fischer 1996.

Riederer P, Laux G, Pöldinger W. (Hrsg). Neuropsychopharmaka. Wien: Springer 1992 – 1994.

Rudolf GAE. Therapieschemata Psychiatrie. 2. Aufl. München: Urban & Schwarzenberg 1992.

Psychotherapie, Psychosomatik, Verhaltenstherapie

Bräutigam W, Christian P. Psychosomatische Medizin. 5. Aufl. Stuttgart: Thieme 1992.

Corsini H. Handbuch der Psychotherapie. Weinheim: Beltz 1993.

Heigl-Evers A, Heigl F, Ott J. Lehrbuch der Psychotherapie. Stuttgart, Jena: Fischer 1993.

Hoffmann SO, Hochapfel G. Neurosenlehre, psychotherapeutische und psychosomatische Medizin. 5. Aufl. Stuttgart: Schattauer 1995.

Kind H. Psychotherapie und Psychotherapeut. Methoden und Praxis. Stuttgart, New York: Thieme 1982.

Meermann F, van der Eycken W (Hrsg). Verhaltenstherapeutische Psychosomatik in Klinik und Praxis. 2. Aufl. Stuttgart, New York: Schattauer 1996.

Mentzos S. Neurotische Konfliktverarbeitung. Frankfurt: Fischer 1984.

Reinecker H. Grundlagen der Verhaltenstherapie. 8. Aufl. Weinheim: Beltz 1994.
Sulz SKD. Psychotherapie in der klinischen Psychiatrie. Stuttgart: Thieme 1987.
Uexküll Th v. Integrierte psychosomatische Medizin in Praxis und Klinik. 3. Aufl. Stuttgart, New York: Schattauer 1994.
Fliegel S, Groeger WM, Künzel R. Verhaltenstherapeutische Standardmethoden. München: Urban & Schwarzenberg 1993.
Wyss D. Die tiefenpsychologischen Schulen von den Anfängen bis zur Gegenwart. 6. Aufl. Göttingen: Vandenhoeck & Ruprecht 1991.

Akuttherapie

Berzewski H. Der psychiatrische Notfall. 2. Aufl. Heidelberg, Berlin: Springer 1996.
Dubin WR, Weiss KJ. Handbuch der Notfallpsychiatrie. Bern, Göttingen, Toronto: Huber 1993.
Hewer W, Rössler W (Hrsg). Das Psychiatrie-Notfall-Buch. München, Wien, Baltimore: Urban & Schwarzenberg 1997.
Rupp M. Notfall Seele. Methodik und Praxis der ambulanten psychiatrisch-psychotherapeutischen Notfall- und Krisenintervention. Stuttgart: Thieme 1995.

Versorgungspsychiatrie, Soziotherapie

Bochnik HJ, Koch H. Die Nervenarztstudie. Praxen, Kompetenzen, Patienten. Köln: Dtsch. Ärzteverlag 1990.
Fischer W. Ambulante Behandlung psychischer Störungen. Jena: Fischer 1990.
Klapp E. Abgabe und Übernahme einer Arztpraxis. Berlin: Springer 1997.
Kruse G. Praxisratgeber Sozialpsychiatrie als integraler Bestandteil therapeutischer Konzepte. Stuttgart, Jena: Fischer 1992.
Reimer F (Hrsg). Versorgungsstrukturen in der Psychiatrie. Berlin, Heidelberg, New York: Springer 1994.

Schneider F, Bartels M, Foerster K, Gaertner HJ (Hrsg). Perspektiven der Psychiatrie. Stuttgart, Jena, New York: Fischer 1991.

Spengler H (Hrsg). Institutsambulanz in der psychiatrischen Versorgung. Göttingen: Vandenhoeck & Ruprecht 1991.

Stoffels H, Kruse G. Der psychiatrische Hausbesuch. Bonn: Psychiatrie-Verlag 1996.

Wing J. Sozialpsychiatrie. Berlin, Heidelberg, New York: Springer 1982.

Forensik

Konrad N. Leitfaden der forensisch-psychiatrischen Begutachtung. Stuttgart: Thieme 1997.

Nedopil N. Forensische Psychiatrie. Stuttgart: Thieme 1996.

Oefele K v. Forensische Psychiatrie. Stuttgart, New York: Schattauer 1998.

Rasch W. Forensische Psychiatrie. 2. Aufl. Stuttgart: Kohlhammer 1995.

Schulte RM. Paragraphen-Fibel für Nervenärzte. München: Westermayer 1996.

Venzlaff U, Foerster K (Hrsg). Psychiatrische Begutachtung. 2. Aufl. Stuttgart, Jena, New York: Fischer 1994.

Verband Deutscher Rentenversicherungsträger. Sozialmedizinische Begutachtung in der gesetzlichen Rentenversicherung. 5. Aufl. Stuttgart, Jena: Fischer 1995.

Sachverzeichnis

A

C

D

E

F

G

H

I

J

K

L

M

N

O

P

Q

R

S

T

U

V

W

Z

PSYCHIATRIE

Huber
Psychiatrie
Lehrbuch für Studium und Weiterbildung

6., vollständig überarbeitete und aktualisierte Auflage 1998 mit Schlüssel zum Gegenstandskatalog.
800 Seiten, 2 Abbildungen,
39 Tabellen, geb.
DM 79,–/öS 577,–/sFr 72,–
ISBN 3-7945-1857-8

Das Lehrbuch aus einem Guß. Der „Huber" ist in den 25 Jahren seit Erscheinen der 1. Auflage eine Institution und ein Standard in der Psychiatrie geworden: Auf systematische Weise beschreibt dieses Lehrbuch das gesamte Stoffgebiet mit dem Ziel, über das Examenswissen hinaus Verständnis für psychiatrisches Denken, diagnostische Vorgehensweisen und therapeutische Ansätze zu vermitteln.
Die vollständig überarbeitete und aktualisierte 6. Auflage zeichnet sich aus durch:

- den Vergleich moderner Diagnose- und Klassifikationssysteme (ICD-10, DS-M-IV) mit Kriterien und Konzepten der traditionellen Psychiatrie
- das umfangreiche Literaturverzeichnis, das den Weg zur vertiefenden Primärliteratur weist
- die zahlreichen Querverweise, die ein Verständnis für die Zusammenhänge und offenen Probleme dieses zentralen, in lebendiger Entwicklung begriffenen Faches vermitteln
- die konsequente und schlüssige Darstellung des Prüfungsstoffes anhand des Gegenstandskataloges für das nervenheilkundliche Stoffgebiet

Das Buch eignet sich damit nicht nur als Textbuch für die psychiatrischen Kurse und zur Vorbereitung auf das medizinische Staatsexamen, sondern auch als umfassendes Kompendium für die Weiterbildung zum Psychiater, Neurologen und den Psychiatrieanteil des Facharztes für psychotherapeutische Medizin sowie für die psychosomatische Grundversorgung.

PSYCHIATRIE

Buchheim (Hrsg.)
Psychotherapie und Psychopharmaka
Störungsorientierte Behandlungsansätze – kombinierte Therapie

1997. 206 Seiten, 6 Abbildungen, 20 Tabellen, kart.
DM 49,–/öS 358,–/sFr 46,–
ISBN 3-7945-1766-0

Die Autoren informieren kompetent und verständlich über die aktuellen verhaltenstherapeutischen, psychopharmakologischen und psychodynamischen Ansätze und ihre Kombinationen zur Behandlung von Depressionen, Angst, Zwangs- und Borderline-Störungen. Das Buch richtet sich an alle Psychiater, Psychotherapeuten und klinischen Psychologen.

Barocka (Hrsg.)
Psychopharmakotherapie
in Klinik und Praxis

1998. 271 Seiten, 72 Abbildungen, 63 Tabellen, kart.
DM 59,–/öS 431,–/sFr 54,–
ISBN 3-7945-1842-X

Das Buch greift das konkrete Bedürfnis der psychiatrischen Praxis nach einem übersichtlichen, und benutzerfreundlichen Nachschlagewerk für die moderne Therapie mit Psychopharmaka auf. Wichtige Substanzen aus den Gruppen der Antidepressiva, Neuroleptika, Hypnotika, Nootropika, Phytopharmaka u. a. werden nach einem einheitlichen Schema vorgestellt. Daraus resultiert eine optimale Vergleichbarkeit der Präparate.